もし
「未来」という
教科があったなら

学校に「未来」という
視点を取り入れてみた

「未来科準備室」編

プロローグ

「未来、それしかないわけないでしょう」

山本　尚毅（未来科準備室／学校法人河合塾）

先日立ち寄ったガソリンスタンドに、キッズコーナーが設置してあった。3歳の娘が暇そうにしているので、置いてあった絵本を手にとった。それがべらぼうに面白かった。偶然の出会い、恐るべし。著者は人気絵本作家のヨシタケシンスケさん、タイトルは『それしか ないわけ ないでしょう』（白泉社、2018年）だ。あらすじは、兄が「……ねえねえしってる？　みらいはたいへんなんだぜ」と、学校で教わってきた大変な未来（人が増えすぎる、病気が流行る、地球が壊れる……）を妹に伝えるところから始まる。そして、幼い妹は未来に怯えてしまう。

ニュースにさっと目を通すと、未来はどのように変わっていくのか、地球がどうなってしまうのか、社会に適応し続けられるのか、そんなことがいつも報じられている。グローバリゼーションにより世界がつながり過ぎなぐらいつながり、サイエンスとテクノロジーによって人間を超える知能が生まれる可能性を前にしている時代に生きていることと無関係ではない。そういった未来は私たちの生活と関係なくはないのだが、遠くて広くて大きすぎて、どうしていいかわからなくなる。そして、無力感に苛まれ、いつの間にか報じられている「未来」を疑うことなく受け入れ、変わっていく姿を傍観するしかなくなっている。

冒頭の絵本の中でも妹は、兄が話す大文字の「未来」(Big-F)に脅され、怯えと不安をいつの間にか抱え込んでいる。絵本の中と同じように学校も、Society5.0をはじめとする経済と社会の変化に適応できる人材を育てるようにと、改革の旗の下、教育政策が変えられ、変化が求め続けられている。そしてそうした動きは、SDGsに絡めた取り組みや「AI時代の雇用」の話などを通じて、生徒にも届けられる。

そんな流れの中で、私自身は河合塾で「未来研究プログラム」という仕事を受けもって5年が経過した。その一連の取り組みの一つに、10~15年後の未来の「ひょっとしたらの姿」を描くプログラムがある。様々なニュース素材を集めて、ひょっとしたらのアイデアを考え、それが登場している未来のストーリーを作るプログラムだ。その出張授業でじっくりと生徒の言動を観察していると、とんでもない想像をする生徒がたくさんいることに気がついた。最初は遠慮して大文字の未来を中心に議論しているのだが、いつの間にか、一人ひとりが創る小文字の「未来」(little-f)がそこかしこに出現している。生徒に「未来」という題材を適切に手渡せば、自由にイマジネーションを羽ばたかせるのだ。しかし、それら一つひとつは些細なことで、学校のキャリア教育、先生との面談や探究の授業で発現することは極めて少ない。なぜなら、まだ「創造」されていない「想像」の段階だからだ。

また、生徒がポスターや映像にまとめたりすると、事前に想定されていた予定調和的なものになることが多いという問題は未だ解決できていないが、まとめられる前の生徒同士の議論はイマジネーションに溢れていた。

こんな驚きと刺激を生徒から得られる喜びは他にはない。きっと私以外にも、生徒が自由に未来を考えられる、そんな取り組みをしている先生方がいるに違いない。そんな仲間を探して、有識者の方々や現場でがんばる先生方に声をかけさせていただき、作り上げたのが本書である。もし、「未来」という教科（科目）が学校の時間割にあったならば……、という本書の趣旨と試みに賛同いただき、さらに無茶な問いかけに答えていただいた執筆者の皆様に感謝したい。

以下、本書の内容を簡単に紹介したい。

執筆者は計19名、現場の先生が6名（うち、マネジメント層が2名）、学校現場を離れ、実践を続ける先生が3名、大学等の研究者が5名、企業・NPO・国際機関が5名である。

第1部は未来という教科を考える上で、歴史、デザイン、科学技術、それぞれの切り口から第一線で未来を深く考察し、実践している3人に寄稿いただいた。学校関係者以外の読者にとっても読み応えのある内容である。1人目の京都大学の広井教授は、ホモサピエンスが地球上に登場してからの超長期の歴史把握の視点から、自分たちが今、歴史の中のどこに立っているのかを把握する。未来を見据え、教育のあり方を考える土台を固める。2人目の佐宗氏には、企業における未来志向人材の必要性、さらに学校でも実践できる未来のビジョンや希望を創る具体的なワークショップについて提案いただいた。最後の大阪大学の石黒教授は、ロボットと人間が共生するロボット社会を研究し、小学校5年生以来、人を理解するとはどういうことかを考え続けてきた方だ。その思考の一端を共有いただき、ロボット社会で人間は幸せになれるのか、幸せになるために必要なことは何かという、深い問いを投げかけてくれた。

第2部では、学校内外の現場での実践者からの報告である。先生の学びや研修、修学旅行、運動会、教科横断型の授業、地域との連携、キャリア教育、総合的な探究、大学入試、推薦合格後の生徒の学び、通知表、学習アセスメント、進路指導、イノベーション教育などのテーマが揃う。それぞれの実践で組み込まれている「未来」は「それしかないわけないでしょう」と言わんばかりに、多種多様で、切り口もバラバラだ。具体的なカリキュラムや実践例の紹介も豊富である。

第3部では、まず現役の校長である日野田先生に、今取り組んでいる試みやこれからの学校に起こりうる未来と可能性についてまとめてもらった。2人目は、長年一つの学校で校長を務め上げ、キャリア教育の先駆けである吉野先生の挑戦の記録である。「過去」にも「未来」を意識し、取り組んでこられた方はたくさんいるだろう。そのお一人が吉野先生だ。新しいことを始める上で学校を動かし、保護者を巻き込み、生徒をその気にさせる実践知が詰まっている。最後に京都大学の石井准教授には、新しい取り組みや改革を行う際に、世間の言論や他校の成功事例に流される現状に警鐘を鳴らしていただき、落とし穴にはまらず、学校の役割と強みを認識した取り組みを続けていくよう、ご示唆いただいた。「未来ブーム」とも言える中、地に足をつけて取り組むヒントを授かった。

学校現場で未来を考えようと思うと、つい子どもたちに、「未来に大志と希望を抱いてほしい」という先生としての、大人としての本能が働く。しかし、何より第一に考えるべきは、私たち大人自身がどんな未来を想像するかだろう。いつだって子どもは大人の背中を見ている。「未来の教科」という空白地帯と、学校という制約条件を組み合わせて教科にしたならば、学校で、各教室で、学校外でどんなことができるだろうか。その想像を羽ばたかせる素材として本書を利用する、それが推奨したい読み方である。

冒頭で紹介した絵本で、「大文字の未来」(Big-F)に怯えていた妹は、祖母に相談し、「それしかないわけないでしょう」とアドバイスされる。「それしかないわけない!」と考え、未来のその他の可能性やシナリオを想像していく。そして、その考えを応用して、「身近な未来」(little-f)にある、嫌な出来事を乗り越える新しい選択肢やアイデアも構想する。当初、脅していた兄も妹の言動を見て、考えが変わっていく。

妹は台所でお母さんに声をかけられる。晩ご飯で「目玉焼きかゆでたまご、どっちがいい？」と聞かれる。「それ（2つの選択肢）しかないわけないでしょう」と30近くのその他の選択肢を考えるのだ。結果、最後はゆでたまごにするのだけれども。けれど、その回り道して想像したプロセスが大切だし、未来を考えるとはそういうことだと思う。

「それしかないわけないでしょう」をキーワードに、もし「未来」という教科があったならを考え、想像を膨らませていただければ幸いである。

※「大文字の未来」（Big-F）、「小文字の未来」（little-f）について

創造性研究の世界では、従来から注目する創造性の水準の違いで2つの大きな流れがあった。一方は、社会的に大きな影響を与え「創造的」との社会的評価が定着した創造者や創造的産物に関する研究で、Big-C（大文字の創造性：creativity）の研究の流れである。他方は、ふつうの人の日常生活での工夫・発明や個人的成長なども一種の創造性とみなし、これを対象にするlittle-c（小文字の創造性）の研究の流れである。ここでの創造性は、程度差はあっても潜在的に誰もが有していると想定されている。この「創造性」についての考えを「未来」（future）にも当てはめて考えた。

「Big-F」（大文字の未来）：社会的に大きな影響を与え「未来的」との評価が定着したシナリオ
「little-f」（小文字の未来）：普通の人が日常生活や決断の場面で考える未来のシナリオや選択肢

目次

編集　「未来科準備室」——河合塾の山本康二、山本尚毅と「月刊高校教育」（学事出版）編集担当・二井豪による編集チーム。将来、本当に「未来」という教科（科目）ができたとしたら、どんな学校になるかを妄想中。名前は、現在も各高校にある「教科準備室」に由来。本書刊行を皮切りに、今後も続編の出版、イベントの実施を企画中。

part1

未来を考えるとはどういうことか

―教育の外側で語られている「未来」に目を向ける―

PART1では「未来」を見据え、現状を大きく変える人たちの考えを紹介します。また、各人の研究・活動から見える、教育への大胆なメッセージも提示いただきます。

Ⅰ

AIと超長期の歴史把握の視点から考える「未来」

広井　良典（京都大学こころの未来研究センター教授）

はじめに——AIは新型コロナ禍を〝予言〟したのか

「未来」を予想ないし予測するというのはきわめて難しい。

これについて、ある意味で私たちにとって一番わかりやすい例は、新型コロナウイルスによる感染症の拡大だろう。言うまでもなく、新型コロナウイルスの災禍で日本と世界の状況が一変した。しかし、今年の初めの時点で、誰がこうした事態の勃発と世界の変化を予想していただろうか。つまりこれほど世界を大きく変えるような出来事を、誰も明確に予想できていなかったのであり、「未来」を予想ないし予測するのが難しいということは、この一つの例だけで十分に示されているとも言える。

しかし、実は今回の新型コロナによる災禍あるいはそこで浮かび上がった課題を、全く誰もが予想できていなかったわけではない。

手前味噌に響いてしまうことを承知の上で記すことになるが、実は私たちの研究グループが3年前に公表した、ＡＩ（人工知能）を活用した日本社会の未来に関するシミュレーションは、新型コロナ禍が明らかにした現代社会の課題を、少なくとも間接的には〝予測〟あるいは〝予言〟していたという面があるのだ。

本稿では、そうした内容を紹介しつつ、まず前半において「AIは未来を予測することは可能か」というテーマについて述べるとともに、後半では「超長期の歴史把握」という、未来の構想のためのもう一つの視点について議論を展開し、これらを通じ、およそ人間が「未来」について考えるというのはどういう意味をもつかについて掘り下げてみたい。

未来構想におけるAIと人間

(1) AIを活用した、持続可能な日本の未来に向けたシミュレーション

先ほどAIを活用した日本社会の未来に関するシミュレーションについてふれたが、それは具体的には、私が2016年に京大キャンパスに設置された日立京大ラボとの共同研究として行い、2017年9月に公表した研究である（ウェブサイト「AIの活用により、持続可能な日本の未来に向けた政策を提言」及び広井（2019）参照）。

そこでは、現在そして未来の日本社会にとって重要と考えられる約150の社会的要因（人口、高齢化、GDP等）からなる因果連関モデルを作成し、AIを活用して2050年の日本に関する2万通りの未来シミュレーションを実施した。

そしてそのシミュレーション結果において、日本社会の未来にとって、「都市集中型」か「地方

分散型」かという分岐がもっとも本質的であり、かつ東京一極集中に象徴されるような「都市集中型」システムよりも「地方分散型」システムのほうが、人口・地域の持続可能性や格差、健康、幸福といった点において優れているという結果が示されたのである。しかも、都市集中型か地方分散型かに関する、後戻りできない分岐が２０２５年から２０２７年頃に起こるということが併せて示された。

今回の新型コロナウイルスをめぐる問題が、この「都市集中型か地方分散型か」というテーマと深く関わっていることは言うまでもない。感染拡大とその災禍が際立って大きいのは、ニューヨーク、ロンドン、パリそして東京など、人口の集中度が特に高い一千万人規模の大都市圏である。これらの極端な「都市集中型」地域は、〝3密〟が常態化し、環境としても劣化している場合が多く、感染症の拡大が容易に生じやすく、現にそうしたことが起こったのである。

今回のコロナ禍は「都市集中型」社会のもたらす脆弱性や危険度の大きさを白日の下にさらしたと言うべきであり、まるで、ＡＩが今回の新型コロナ禍をめぐる状況や課題を〝予言〟していたかのような一致が見られたことになる。

私たちがＡＩを活用して行った以上のような研究は、他にあまり例がないものであったため、公表以降、政府関係機関や地方自治体、企業等から多くの問い合わせがあり、たとえば２０１８年度には長野県庁や岡山県真庭市と同様のＡＩ活用を連携して進めた。中央省庁では文部科学省の高等教育局と、上記の研究成果に高等教育を組み入れた新たなシミュレーションを協働で作成し、２０

18年11月の中央教育審議会大学分科会・将来構想部会合同会議に報告した（以上の内容はいずれもウェブ上で閲覧可能）。その後も様々なタイプの同様の研究を進めてきている。

(2) AIにできること／できないこと

こうした試みは「AIに基づく政策」、あるいは「AIBP（AI-based Policy）」と呼べるだろう。なお未開拓の領域であり、私たちの研究もなお試行錯誤の段階だが、それは、

①無数の未来を網羅的に列挙することを通じ、現状や未来についての人間の「認知のゆがみ」を是正し、

②多くの要因間の「複雑」な関係性や影響を分析でき、

③「不確実性」やあいまいさを組み入れた予測をなしうる

といった長所をもっている。そして、上記のようにまだまだ精度などの課題は多いのだが、複数の未来シナリオとともに、そこに至るために重要となる政策が明らかになるので、全体としてある意味で「フォアキャスティング（未来予測）」と「バックキャスティング（未来逆算）」の両者を組み合わせた方法――いわば〝フォア・バック・キャスティング〟――と呼べるのではないかと考えている。

一方、以上のように記すと、人間ではなくAIが「未来」の予測をしているように聞こえるかもしれないが、それは正しくない。すなわち、シミュレーションの土台となる「モデル」の作成を行うのも、シミュレーション結果を踏まえた意味の解釈、評価軸の選定、価値判断等を行うのもあく

まで人間であり、ＡＩはあくまで補助的な「ツール」に過ぎない。

私は以上を〝サンドイッチ型〟の構造と呼んでおり、つまりモデル作成という始めの部分と、シミュレーション結果の解釈という終わりの部分の両者を、人間が「はさみこむ」ような形で行っており、ＡＩが行うのは中間のシミュレーション（計算）の部分であって、いわばＡＩは〝人間の手のひらの上で〟作業をしているような構造になっている。

ここで、「そもそもＡＩに何ができ、何ができないか」という点に関する若干の整理が必要かもしれない。これについては、マクリーンというアメリカの神経学者が提案した「脳」の構造に関する議論が参考になる。

すなわち脳は基本的に３つの部位から成り立っており、もっとも土台にあるのは脳幹と

図1　脳の進化と構造：AIにできること／できないこと
マクリーンの脳の3層構造説から

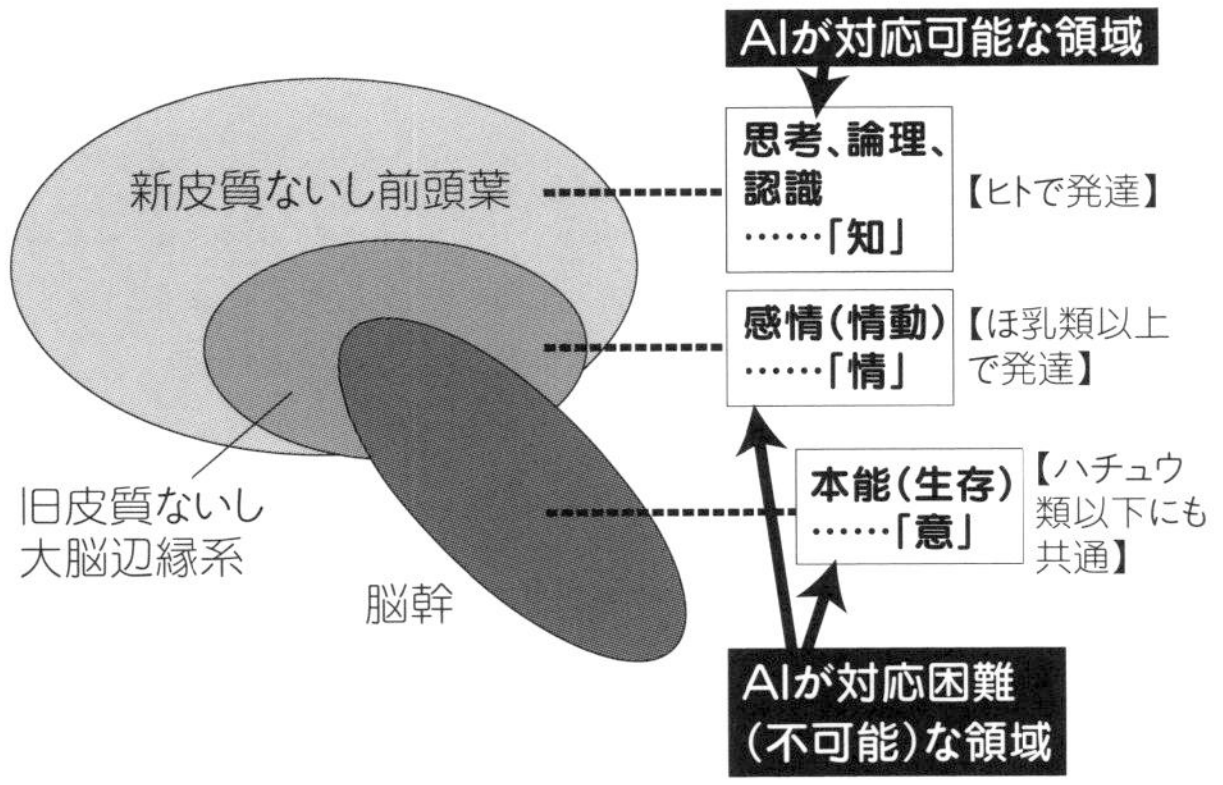

呼ばれる部分で、これは本能や生存に関わっている。2番目は大脳辺縁系と呼ばれる部分で、これは感情や社会性に関わり、ほ乳類以上で特に発達している。そして3番目は前頭葉ないし新皮質と呼ばれる部分で、これは他でもなく「知」、つまり思考や論理や認識に関わる部分で、人間において大きく発達した部分である（図1参照）。

端的に言えば、ＡＩは以上のような脳の3つの機能の中で、最後の「知」の部分だけを切り離して機械にしたものである。したがって純粋に論理に関する面では人間を凌駕しうる半面、その土台にある価値判断や感情といった機能はもちあわせておらず、要するにＡＩはそれだけで「自立」することはできない。

まとめると、先述のようにＡＩは、多数の要因間の「複雑な関係性」、そして「不確実性」を含むシミュレーションを行うことができるという点において有効なツールとして活用でき、それは今後も着実に発展させていくべきである。しかし同時に、ここで述べてきたようにＡＩが行う計算のベースとなる基本的なモデル作りや、結果の意味解釈、そして未来社会の「構想」を行うのはあくまで人間である。

要するに、**AIは未来を予想したり構想したりする〝道具〟として積極的に活用できるが、予想の土台となるモデルや構想そのものを作るのは人間である**。したがって、ＡＩによる未来シミュレーションの成否は、人間にかかっているのだ。

逆に言えば、ＡＩの登場によって、あるいはＡＩとの役割分担ないし〝協働〟において、人間による真の意味での未来の「展望力」や「構想力」が問われる時代を迎えているのである。

超長期の歴史把握と未来

(1) 人類史における「拡大・成長」と「成熟・定常化」

以上、新型コロナに関する話題を手がかりとして、未来の予想ないし構想とAIの関係について述べたが、次に視点を変えて、超長期の歴史把握と未来というテーマについて考えてみたい。なぜなら、およそ未来の予想や構想においては、「過去から現在」がどのような流れをたどってきたか、そしてその全体をどのような視座において把握するかが決定的な意味をもつからである。

ここで、気候変動あるいは環境をめぐる話題を手がかりに考えてみたいのだが、この場合、気候変動と先ほど取り上げたコロナ・パンデミックという2つの課題は、実は深いところでつながっている。

それは大きくは、人口や経済がひたすら「拡大・成長」を続ける後の時代に来る「ポスト成長社会」の構想というテーマである。関連して「グローバル化の先のローカル化」、先述の「都市集中型システムから分散型システムへの転換」さらに「情報から生命へ」といった一連の話題がそれと不可分のものとして浮上する。したがって、以下で述べる内容は、先ほどまでの新型コロナ禍に関する議論ともつながっているのである。

さて「気候変動」という時、昨今の動きの中でやはり連想されるのは、スウェーデンの環境活動家グレタ・トゥーンベリさんの言動だろう。二酸化炭素排出に伴う気候変動ないし地球温暖化問題を中心にすえ、未来世代のことを考慮しない現在の政治家等の意識・行動を容赦なく批判する内容やそのパフォーマンスが、賞賛と非難の両極の反応を引き起こしている。

私がここで考えてみたいのは、彼女の主張そのものを論評することではなく、グレタさんのような言動や主張、あるいはそれに関連する様々な現象が、もっと大きな歴史の流れの中で、どのような意味をもっているかという点である。

こうした話題について吟味しようとする時、どうしても確認しておくべき基本的な認識についてまず述べてみたい。

それは、**人類史を大きく俯瞰すると、それは人口や経済において「拡大・成長」と「成熟・定常化」というサイクルをこれまで3回繰り返してきており、しかも、拡大・成長から成熟・定常化への“移行”期において、それまでに存在しなかったような革新的な思想や観念が生成する**という点だ。

この点に関して、まず図2を見てみよう。これは世界人口の長期推移について先駆的な研究を行ったアメリカの生態学者ディーヴェイの仮説的な図式を示したものであり、世界人口の拡大・成長と成熟・定常化に関する3つのサイクルが見て取れる。

すなわち、第一のサイクルは私たちの祖先である現生人類（ホモ・サピエンス）が約20万年前に地球上に登場して以降の狩猟採集段階であり、第二のサイクルは約1万年前に農耕が始まって以降

図2 **世界人口の超長期推移**
（ディーヴェイの仮説的図式）

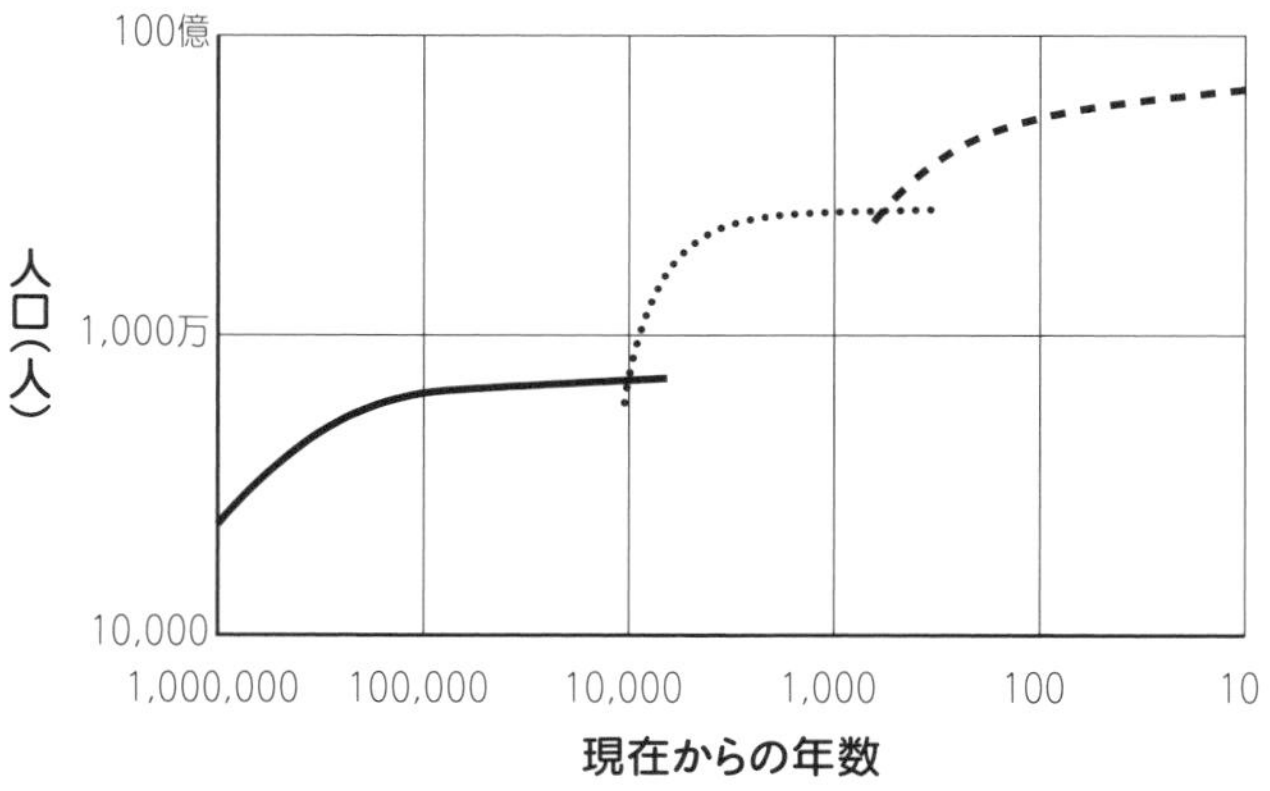

（出所）Cohen, Joel E.(1995)How Many People can the Earth Support?, Norton.

の拡大・成長期とその成熟であり、第三のサイクルは、近代資本主義の勃興あるいは産業革命以降ここ300～400年前後の拡大・成長期である。この意味では、現在の私たちは「第三の成熟・定常化」の時代を迎える人口あるいは移行期に立っていることになる。

ところで、ではそもそもなぜ、人類の歴史においてこうした人口や経済の拡大・成長と定常化のサイクルが起こるのだろうか。

これは端的に言えば、**人間による「エネルギー」の利用形態**、あるいは少し強い言い方をすると、人間による〝自然の搾取〟の度合いという点と対応している。

つまり、栄養分ないし有機化合物を自らつくることができるのは植物（の光合成というメカニズム）だけなので、動物は植物を食べ、人間はさらにそれらを食べて生存を維持している。それが狩猟採集段階ということになるが、農耕が1万年前に始まったのは、食糧生産つまり植物の光合成を人間が管理し安定的な形で栄養を得る方法を見出したということである。

そして近代ないし工業化の時代になると、「化石燃料」と言われるように、数億年にわたって地下に蓄積した生物の死骸からできた石炭や石油を燃やし、エネルギーを得ることを人間は行うようになった。言い換えれば、〝数億年〟という長い時間かかって蓄積された資源を、私たちは〝数百年〟でほとんど燃やし、使い尽そうとしているのであり、その燃焼の過程で生まれる二酸化炭素量の急激な増加が温暖化の大きな背景になっているのだ。ここで人類史の話と、グレタさんや気候変動のテーマがつながっていくことになる。

(2) 定常化への移行期における文化的創造

以上のように、人間の歴史には「拡大・成長」と「定常化」のサイクルがあり、その3度目の定常化の時代を迎える入口に立っているのが現在の私たちである。

そして、ここで特に注目したいのは、先ほど少しふれたように、人間の歴史における**拡大・成長から成熟・定常化への移行期において、それまでには存在しなかったような何らかの新たな思想ないし価値、あるいは倫理と呼べるものが生まれた**という点だ。

議論を駆け足で進めることになるが、しばらく前から人類学や考古学の分野で、「心のビッグバン（意識のビッグバン）」あるいは「文化のビッグバン」などと呼ばれている興味深い現象がある。たとえば加工された装飾品、絵画や彫刻などの芸術作品のようなものが今から約5万年前の時期に

図3　「心のビッグバン」のイメージ

八ヶ岳南麓から発掘された縄文土器遺跡群（井戸尻考古館パンフレットより）

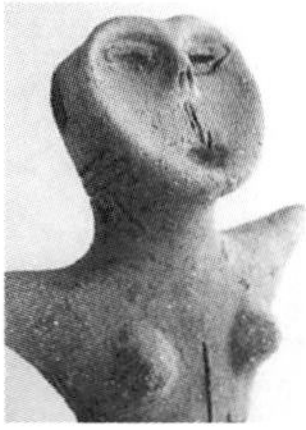

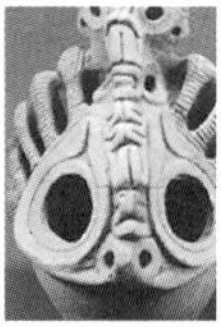

物質的生産の量的拡大（実用性）→**文化的・精神的発展**（遊びと創造性〜デザイン）

一気に現れることを指したものである。身近なイメージとしてはラスコーの洞窟壁画のような例が該当するが、日本の文脈では、いわゆる縄文土器（あるいは関連して発掘される耳飾りや首飾りなど）がわかりやすいケースだろう。

（図3の写真）は、私も頻繁に訪れる八ヶ岳南麓――〝縄文のメッカ〟の場所の一つ――にある井戸尻考古館（長野県富士見町）に収められている縄文土器のいくつかだが、「現代アート」の作品といわれてもおかしくないもので、圧倒されるような力に満ちている。

ここでのポイントは、こうした作品は〝実用性〟という機能あるいは範囲を超え出ているという点である。これら土器の〝装飾〟は、たとえばそれを使ってお湯をわかすとか食物を煮るといった実用性とはさしあたり無縁のものだ。しかし視点を変えて見れば、そうした実用性、あるいは「現実世界の実際的な〝利用〟」ということを超え出た何かが生まれたということが、他でもなく「心」が生まれたということとイコールなのではないだろうか。まさに「心のビッグバン」である。

一方、人間の歴史を大きく俯瞰した時、もう一つ浮かび上がる精神的・文化的な面での大きな革新の時期がある。それはヤスパースが「枢軸時代」、科学史家の伊東俊太郎が「精神革命」と呼んだ、紀元前5世紀前後の時代である。

この時期ある意味で奇妙なことに、現在に続く「普遍的な原理」を志向するような思想が地球上の各地で〝同時多発的〟に生まれた。すなわちインドでの仏教、中国での儒教や老荘思想、ギリシャ哲学、中東での（キリスト教やイスラム教の源流となる）旧約思想であり、それらは共通して、物質的な欲望を超えた、新たな価値ないし倫理を説いた点に特徴をもつものだった。しかも、これら普遍思想の生成に伴って、仏像・寺院建築などの仏教芸術、教会建築やキリスト教音楽など、建築を含む様々な文化や芸術が大きく開花していったのである。

いま「奇妙なことに」これらが〝同時多発的〟に生じたと述べたが、その背景ないし原因は何だったのだろうか。

興味深いことに、実はこのことと環境・資源問題はつながっているのである。すなわち、最近の環境史（environmental history）と呼ばれる分野において、この時代、以上の各地域において、農耕の開発と人口増加が進んだ結果として、森林の枯渇や土壌の浸食等が深刻な形で進み、農耕文明がある種の資源・環境制約に直面しつつあったということが明らかにされてきている。

このように考えると、これは私の仮説であるが、枢軸時代ないし精神革命に生成した普遍思想は、そうした資源・環境的制約の中で、いわば**「物質的生産の量的拡大から精神的・文化的発展へ」という新たな発展の方向**を導くような思想として生じたのではないだろうか。

つまり、いわば外に向かってひたすら拡大していくような「物質的生産の量的拡大」という方向が環境・資源制約にぶつかって立ち行かなくなり、そうした方向とは異なる、すなわち資源の浪費や自然の搾取を極力伴わないような、精神的・文化的な発展への移行や価値の創発がこの時代に生じたのではないか。

読者の方はすでに気づかれたかと思うが、これは現在ときわめてよく似た時代状況である。つまり、ここ200〜300年の間に加速化した産業化ないし工業化の大きな波が飽和し、また資源・環境制約に直面する中で、私たちは再び新たな「拡大・成長から成熟・定常化へ」の時代を迎えようとしているからだ。

一方、先ほどふれた「心のビッグバン」についても、それが同様のメカニズムで、狩猟採集文明の拡大・成長から定常化への移行の時期に生じたと考えてみるのは不合理なことではないだろう。つまり狩猟採集段階の前半において、狩猟採集という生産活動とその拡大に伴ってもっぱら〝外〟に向かっていた意識が、有限な環境の中で資源的制約にぶつかる中で、いわば〝内〟へと反転し、

図4 人類史における 拡大・成長と定常化のサイクル

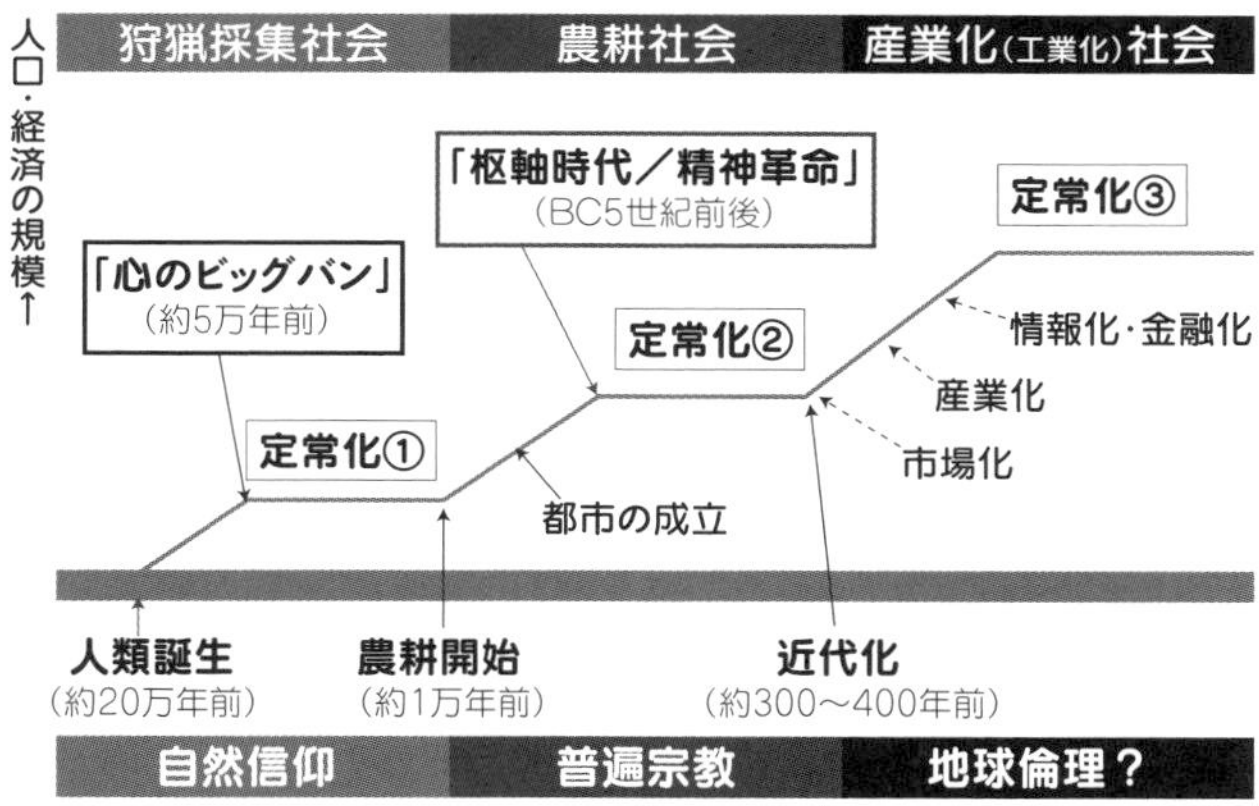

そこに物質的な有用性を超えた装飾やアートへの志向、それらを含む「心」の生成、そして「自然信仰」が生まれたのではないだろうか。

以上の議論をまとめると、狩猟採集段階における成熟・定常化への移行期に「心のビッグバン」が生じ、農耕社会における同様の時期に枢軸時代／精神革命の諸思想（普遍思想ないし普遍宗教）が生成し、両者はいずれも「物質的生産の量的拡大から精神的・文化的発展へ」という内容において共通していたと考えられるのではないか（以上について詳しくは広井（2011）、同（2019）参照）。

そして、現在が人類史における第三の定常化の時代だとすれば、狩猟採集段階における「心のビッグバン」や、農耕段階における「枢軸時代／精神革命」に匹敵するような、根本的に新しい思想や価値原理が生成する時代の入り口を私たちは迎えようとしているのではないか。

こうしたもっともマクロな人類史への視点をまとめたのが図4である。先ほどふれたグレタさんをめぐる動きを起点にしつつ、しかしそこにとどまらず、私たちが考えていくべきは、こうした大きな人類史のとらえ直しと、現在の私たちがどのような場所に立っているかについての根本的な洞察なのである。

ではそうした新たな思想とは何か。結論を先に述べれば、それは「地球倫理」と呼べるような思想ないし世界観ではないかと私は考えており、ここではそれについて詳述する余裕はないが、ご関心のある方は拙著を参照いただければ幸いである（広井（2009）、同（2015）等）。

おわりに――ポスト成長社会の構想と教育

最後に、さらに大きな時代の認識として、私たちはすでに〝ポストＡＩ〟あるいは「ポスト情報化」という時代の流れを視野に入れた展望をもつべき時期に来ていると私は考えている。

ごく駆け足の議論となるが、17世紀ヨーロッパでいわゆる科学革命が起こって以降、科学のコンセプトは大きく「物質⬇エネルギー⬇情報」と推移してきた。「情報」が科学の基礎概念となったのは、アメリカの科学者クロード・シャノンが情報量の最少単位である「ビット」の概念を体系化し、情報理論の原理が作られた１９５０年頃のことである。一見すると、「情報」に関するテクノロジーは現在爆発的に拡大しているように見えるが、実はそれは既に技術的応用と社会的普及の成熟期に入ろうとしており、実際、インターネットの普及その他様々な情報関連指標も近年飽和してきている。

そして「情報」の次なる基本コンセプトは明らかに「生命」であり、それはこの世界におけるもっとも複雑かつ根源的な現象であると同時に、英語の「ライフ」がそうであるように、「生活、人生」という意味を含み、しかもそれは（生命科学といった）ミクロレベルのみならず、生態系（エコシステム）、地球の生物多様性、その持続可能性といったマクロの意味ももっている。

こうした包括的な意味の「生命」あるいはそれと人間との関わりが、これからの21世紀の「ポスト情報化」時代の科学や経済社会の中心的なコンセプトとなっていくということを、私自身は一連の拙著の中で論じてきたが（広井（1996）、同（2015））、今回のコロナをめぐる災禍は、ある意味でそれをきわめて逆説的な形で提起したと言えるだろう。

いずれにしても、こうして私たちは「生命」が基本コンセプトとなるような、ポスト情報化、ポスト・グローバル化（ローカライゼーション）という時代の入り口に入りつつあり、それらは全体として、本稿で述べてきた「分散型」システムや「ポスト成長社会」のデザインというテーマとつながる（図5）。

振り返れば、「拡大・成長」を基調とする時代においては、社会全体が〝一つの方向〟に進むと

図5 経済システムの進化と「ポスト情報化／生命」

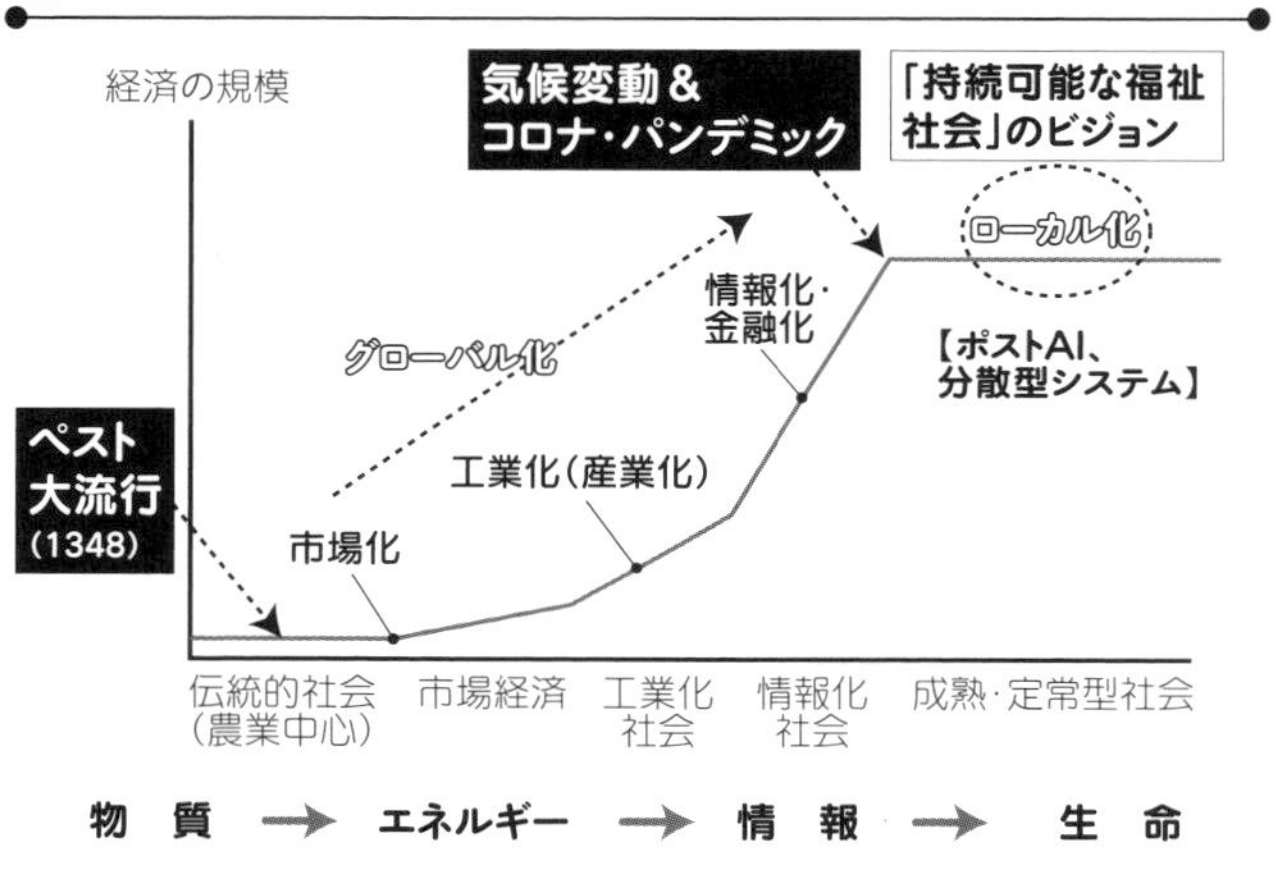

いう傾向が強まるため、〝こちらの地域は進んでいる、こちらは遅れている〟という具体に、「時間軸」が主軸となり、その上で様々な事象が一元的に位置づけられることになる。ある意味で「教育」という分野はその一つの典型であった面があるだろう。

しかしながら、私たちが今迎えようとしているポスト成長社会あるいは人口減少社会においては、そうした「時間軸」自体が背景に退き、むしろそれぞれの地域のもつ固有の価値や風土、あるいはその多様性に人々の関心が向かうようになる。

さらに、AIのところで述べた「分散型」とは、東京一極集中か地方分散型かという〝空間〟的な意味にとどまらない。すなわちそれは、個人が従来よりも自由度の高い形で働き方や住まい方、多様な生き方を設計していくこと、つまり個人の生き方や人生のデザイン全体を含む、いわば「人生の分散型」と呼べるような社会の姿を意味し、それは結果として経済や人口にとってもプラスに働き、社会の持続可能性を高めていくだろう。

そしてこれらは全体として、〝東京に向かってすべてが流れる〟とともに、いわば〝集団で一本の道を上る時代〟であった（昭和・平成の）時代の価値観や社会構造からの根本的な転換を意味する。言うまでもなく、これは教育のあり方にとってもきわめて大きな意味をもつことになる。

それはすでに「未来」や「時間」という枠組みのあり方それ自体をさらに超え出ていくような方向であり、そうした大きな展望の中で、これからの教育のあり方を構想していくことがいま何より求められていると思えるのである。

【参考文献】
・広井良典『遺伝子の技術、遺伝子の思想』中公新書、１９９６年。
・同（２００９）『コミュニティを問いなおす』、ちくま新書。
・同（２０１１）『創造的福祉社会――「成長」後の社会構想と人間・地域・価値』、ちくま新書。
・同（２０１５）『ポスト資本主義　科学・人間・社会の未来』、岩波新書。
・同（２０１９）『人口減少社会のデザイン』、東洋経済新報社。

2

未来の希望を創る学び

佐宗　邦威（株式会社BIOTOPE代表）

未来って美味しいの？

今の時代に「未来をどう教えるか？」というお題をいただいたときに、まず考えたのは「そもそも未来を学ぶとはなんだっけ？」ということだ。私はBIOTOPEという戦略デザインファームで企業の現場で前例のない取り組み、いわゆる「イノベーション」と呼ばれる取り組みを経営者や、現場のイノベーターと一緒に伴走している。「今、飯を食っていく＝儲ける」ための活動をすることが大部分のビジネスの世界の中で、イノベーションという「まだ世の中にない、目に見えない、もしかしたら将来大きくなるかもしれないもの」を作っていく仕事だ。今後の世界の変化を技術の変化や、社会の潮流をリサーチし、それらを総合して、自分たちが描きたい未来の像を絵や物語で描いたり、それを具体化するために事業やサービスをデザインしていく仕事をしている。

企業現場では、今ここだけをうまくやる人だけではなく、まだないものを描き、それを形にしていくイノベーションは、企業が変化し続ける環境に対応し、先んじて生き残っていくためには必要不可欠な活動だ。日本企業は保守的な大きな会社の慣習がなかなか変わらず、デジタル化の世界の変化についていけてないから、今後もイノベーションは求められるし、イノベーター人材が求められるのは間違いない。

このような人材を育成していくという目的で考えれば、企業の中の全ての人がイノベーター人材になる必要はない。今は少なすぎるから育てよう、という話になっているが、未来を最初に形にするのは少数の未来志向の人材で、そういう人の母数が例えば、3万人の組織の中で10人から、100人、1000人に増えれば、3〜4%くらいのイノベーターが生まれてくる。企業現場においては、未来志向人材は今後実務的に必要になることは間違いなく、このプールをいかに増やしていくかが課題になる。また、個人としては、その中で突出できれば大成功する。一方、これが教育現場になった時には、何を教えるべきなのだろうか？ ビジネスの世界では未来を考えることは、未来を先んじることになるから意味がある。しかし、個人としてはどうだろうか？ 未来を学ぶことって、そもそも美味しいことなのだろうか？

まずは、未来を考えるということがどう変わってきたかについて考えてみよう。日本は第二次大戦後基本的に、ずっと経済成長を続けてきた。この時代を引っ張っていったのは科学技術であり、ビジネスの現場によって生まれた経済だった。鉄腕アトムやドラえもんに代表されるように、科学技術は僕らの未来の可能性やワクワクを提示してくれるものだった。この時代においては、「現在

＜未来」であり、かなりの確率で良くなることを達成するための**目標としての未来**だった。今我慢してでも、よりよい未来のために努力するということに意味があった。放っておけば成長する環境の中で、成功例をみんなが真似ていれば、人生がうまくいく確率は高かったし、真面目に他の人の成功例を学ぶという姿勢が重要だった。今、学校の現場にいる校長先生をはじめとする現場の先生方、親等、今、子どもたちの教育を考える人は、そういう前提の中で生きていた。

それに対して、今起こっているのは、このモデルの逆回転だ。今の子どもたちがこれから生きる未来に予想されているのは、確実に予想されている人口減少であり、高齢化社会の進展であり、世界的に広がる気候変動による自然災害の増加であり、進化するテクノロジーに対する人間のやることを見つけ出すという難題ばかりだ。最低でも、日本という国で生きる以上は、これらの社会課題が増える中で、放っておけば、課題が増えていく社会の中で生きていくことを迫られる。

この環境においては、「現在＞未来」となる。未来のために我慢するよりは、今を楽しむ技術を身につける方がいいし、どうせ正解はないのだから、その中で自分なりに楽しんだもの勝ちだ。これが、今の子どもたちが生きる前提だ。もちろん、変化が激しい時代なので、その先の変化を先取りすることで、大勝ちできるという意味で、未来を知ることは、他と同じことをしない**独自キャリア戦略**を作る役割を果たすのは間違いない。しかし、何か足りないものがないだろうか？

昔の未来と今の未来、考え方の変化

昔は、未来とはゴールを設定し、それに対して到達することに意味があった。未来は達成することが重要で、そのためのプロセスは苦しくてもよかった。これは、昨日の延長に今日があり、そしてその延長に明日があるという予測できる未来だ。

しかし、これからは、未来は一生達成できない、もしくは達成できなくてもいい北極星とした上で、そこに向かうプロセス＝今を楽しんでいく力を身につけるというのが重要なのではないかと思う。これは、国連が作っているＳＤＧｓ等も同じ考え方だが、未来の大きなゴール＝北極星を提示する一方で、個人がそれぞれのやり方でそこに向かって進むというアプローチだ。ここにおいては、未来というのは、**今の自分にとっての希望を作ることだ**。

まずは「大人になったらやりたい夢はなんですか?」という問いを、「あなたが、今の瞬間に創り出したい未来はなんですか?　それはどのようなものですか?」に置き換えるのはどうだろうか。昨今、「なりたい仕事ランキング」の中には「YouTuber」が登場する。10年前に予測できただろうか、そして、10年後も存在するだろうか。10年先のことも予測できない世界で、いくつかの職業がなくなり、大きく変わる可能性がある社会で、職業を起点にやりたい夢を語るキャリア教育は現実味がない。そうではなく、今作りたい未来を描く。そして、自分なりに描き出したビジョンに対して、自分なりに今感じている意味を語り、それを形にしたいというモチベーションから色々な学びやプロジェクトが生まれる。これこそが、未来の授業だと思うし、さらにいうと未来の学校の姿だと思う。

企業現場でも、複雑な問題解決をするプログラマーやエンジニア、人の気持ちを慮り仕事を円滑に進める人材は今後も重宝されるのは変わらないが、「自分がどうしたいのか」を語り、未来へのビジョンや妄想を語れる人が活躍する土壌ができつつある。しかし、そのような人たちがやっている仕事を名付けることは正直難しいし、なりたい仕事にランキングされることはないだろう。ただ、彼らは日々の生活や仕事を面白がり、ときに会社や社会に大きなインパクトをもたらす。そして、何より幸せそうに人生を過ごしている。

希望を創る学びのやり方

私は『直感と論理をつなぐ思考法 VISION DRIVEN』(ダイヤモンド社、2019年)という本で、妄想─知覚─組替─表現というサイクルによって、一人ひとりが内面に持つ妄想を起点にビジョンを描く方法論を紹介した。出版後、ビジネス界を越えたところで最も大きな反響をもらったのが教育現場の方々からだ。図工や美術などのアート教育、探究学習、キャリア教育、STEM教育など、現場は幅広いが、創造的な学校を作りたいという志を持った先生方とVision Driven

Educationという有志活動を始めた。「全ての子どもが、人生に一度は希望の創り方を学び、創造する自信を育む場との出会いを作る」というミッションを持って、学校現場でのワークショップや、学校における先生方を対象にしたワークショップ、オンラインによる全国における親子向けの「ビジョンのアトリエワークショップ」を実践している。小学校では筑波大学附属小学校、兵庫教育大学附属小学校等でワークショップを行い、広島の県立西条農業高校においては、農業×宇宙における研究プロジェクトのテーマ設定としてビジョンのアトリエワークショップを実施した。現在、東京大学との共同研究も並行して実施している。

希望を創る学びとしての、ワークショップのエッセンスは、以下の2つだ。

1つは、アート制作によるビジョンの表現とナラティブビジョンという目に見えない無意識のイメージを、「僕らの未来展」における展示物を作る、という完全な自由演技によるアート制作と、その作品を使って自分なりの物語を語ってもらうことで、具体化していくこと。

2つ目に、ペア制作による創造性の自信を育てること。作品を作るプロセスを、子ども―子ども、もしくは、子ども―親などのペアで実施し、お互いにその良いところをフィードバックすることで、お互いに創造する自信を育んでいくこと。

その具体的なプロセスについてご紹介したい。大きな流れは、以下の図を参照いただきたい。

図1　ビジョンのアトリエワークショップのプロセス

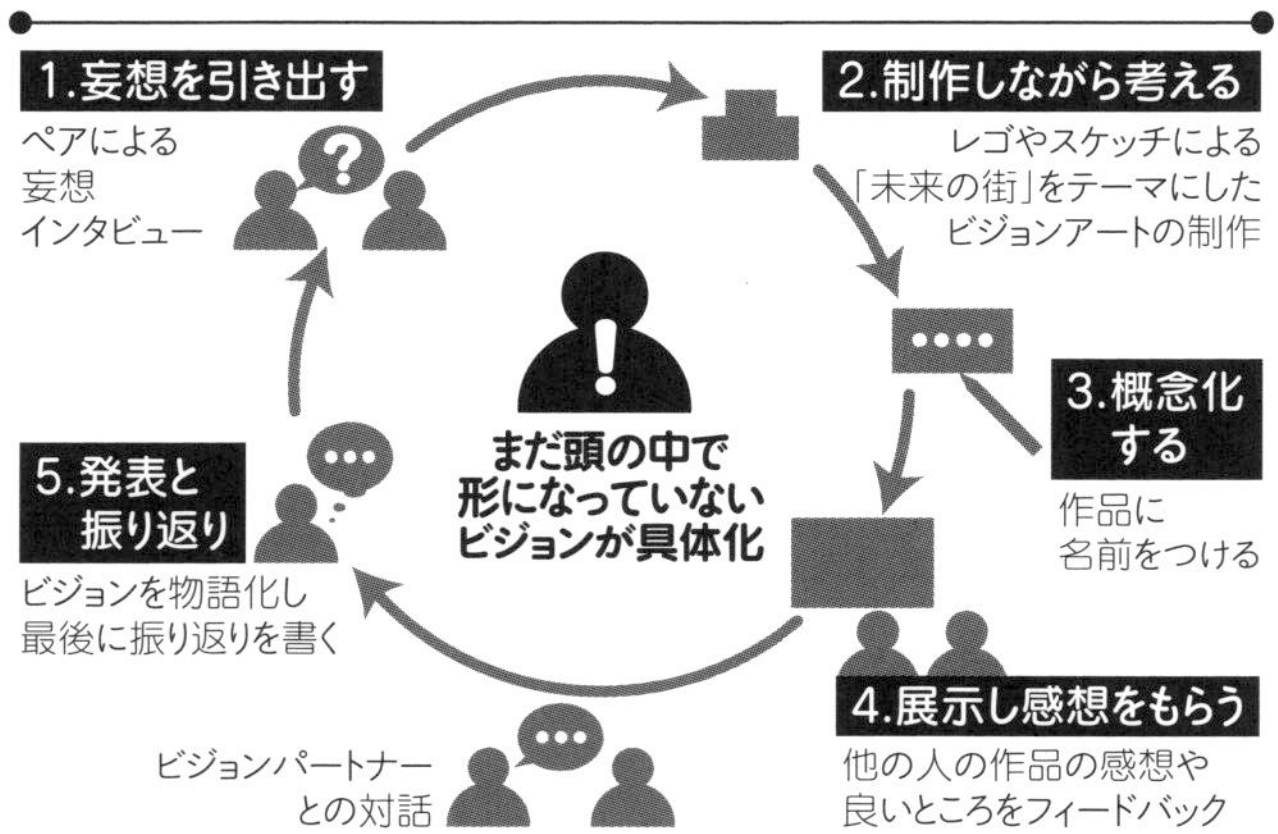

1　妄想を引き出す：妄想インタビュー

まずは、2人でペアを組んで最近ワクワクしたこと、小さな頃に夢中になっていたこと、3年の自由な時間と100億円があったら何をしたいか？　をそれぞれインタビューする。インタビューをする人は、その内容をメモしながらじっくり聞く。

2　制作しながら考える：ビジョンアートの制作

30〜40分程度の限られた時間の中で、「手を動かしながら」あなたが作りたい未来を制作する。スケッチブック、色鉛筆、レゴや粘土、ジオラマ等を用意する。最初は、あまり考えずにラフなスケッチを書いたり、レゴを作りながら、テーマが浮かび上がってくるのを待つ。作っているうちにだんだん乗ってきて、作りたいものが見えてくる子どもが多い。

3 概念化する：名前をつける

制作が終わったら作品に名前をつけてもらう。名前をつける過程で、自分の考えているまだ見たことがない未来に対して、自分自身が大事にしたいエッセンスが何かが言語化される。

4 展示し感想をもらう：自分のアイデアを発信する

制作物とそのタイトルを展示する。最初のステップは、鑑賞＝味わう時間だ。美術館にいるように、黙って作品についてじっくり見つめ、ポストイットを持ってそれぞれが「その作品をみて感じたこと」についてフィードバックを書いて貼り付ける。全ての作品にコメントしなくてもよい。自分が、何かを感じた作品を深く味わう。

5 発表と振り返り：ストーリーテリング

制作者が、その作品を作る上で意図していたことや制作を通じて考えていたことを一人1～2分で話してもらう。制作だけでは十分に明確になっていなかった裏の意図が、物語ることによって具体的になる。それに対して、聞き手は、作品へのフィードバックを行う。聞き手は、その作品の良いところや、面白いところを伝える。いかに面白がってあげるかがポイントである。

このプロセスを経ることで、壊れやすい自分の感性を受け入れられた子どもには、自分の考えていることは正しいんだ！　という自己肯定感が生まれる。そして、それは自分のもつ創造性への自信にもつながってくる。

ここで制作したビジョンには、その子それぞれの価値観、いわゆる美意識や社会善が現れている。作品を見ながら、哲学的な対話も行うことができる。そして、これらのプロセスを経て、改めて自分自身が何をしたいか、何を表現したいかという問いに戻ると、次に作る作品はグッと深く、具体的な作品になっていくだろう。


このような、自分の好きから始まる主観性と、社会の正しさを往復し、みずから未来に起きる希望の解像度を上げていくスキルを持つことが、不確実な世の中を生き抜く力を持った子どもを育てるために必要な学びの体験ではないかと思っている。

「創る教育」を実践する上での教育現場での課題

では、このような学びを教育現場で実践するために何が必要なのか？　この活動をする中で、教育現場において、創造的な学びを実践する上での無意識のバイアスが見えてきたので紹介したい。

私は過去の自分が受けてきた教育、アカデミックにおける知識構築、そして、デザインファームにおけるクリエイティブな活動を往復する中で、学びには3種類の学びがあると思っている。
1　正しさ＝知識を教える学び型、2　役に立つに気づく学び型、そして、3　創って発見する学びだ。教育理論でいうと、順番に指導主義（instructinism）、社会構成主義（social construction-

図2

3つの形の学び

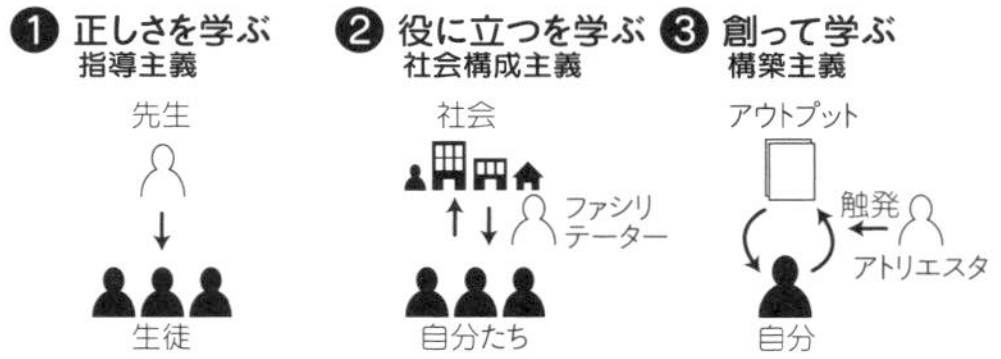

	❶ 正しさを学ぶ 指導主義	❷ 役に立つを学ぶ 社会構成主義	❸ 創って学ぶ 構築主義
学びとは？	知識の伝達	自分たちなりの共同主観の構築	個人の内面性の表現と意味づけ
誰と誰の間で？	先生と生徒	自分と社会	自分の内面と現実
典型的な形	講義	ワークショップ	制作
教師の役割	指導者	ファシリテーター	アトリエスタ
良い先生とは	わかりやすいコンテンツづくり	プロセスづくり／対話を活性化できる	表現の場を作れる／触発できる

ism）、構築主義（constructivism）に当たる。

学校現場は古くから、過去の知の蓄積や成功したモデルを知識としてまとめ、それを効率よく教えるという「１　正しさ」に最適化された仕組みで作られている。それに対して、「２」はＰＢＬなどの取り組みによって、社会に出て必要な学ぶべき知識を、社会との関わりの中で意味付ける社会構成的な学びがトレンドになりつつある。この学びは、学びの起点が社会における必要性にあり、自分がその関わりを通じて、自分にとっての意味を学んでいくプロセスだ。１、２はいずれもその起点が外にある。それに対して、「３　創って発見する学び」は、自分の感性が内面から始まるという、起点が内面にあるという意味で、１８０度方向性が異なる。自分の違和感、

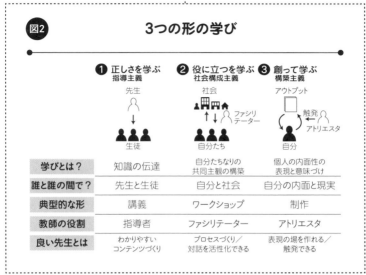

直感に対して自分なりにテーマを設定し、リサーチしたり、他の人と議論しながら自分なりに表現していき、表現したものからのフィードバックを元に自分なりに構築していく。

これらの違いを認識した上で、学校現場で創造的な学びを実践する上で注意すべきポイントを3つ挙げたい。

① テーマやフォーマットの自由度を担保すること

筆者は兵庫教育大学附属小学校の、デザイン思考の授業のアドバイザーを務めさせていただいたことがある。その中で、地域の課題を解決するための創造的な学びとしてデザイン思考を活用した学びを行っていた。それに対し、その前に自分のビジョンを描いてから自分のビジョンと、課題の意味合いを子どもに考えてもらうようなステップを設けたらどうかと提案した。PBLの課題は、課題に関心の高い学生は積極的に関与する一方で、その差が激しくなることだ。テーマや、フォーマットの制約を設けない場、というのは学校現場にはほとんどないが、あえて真っ白なキャンバスを用意し、自分のビジョンを描く余白をプロセスに取り入れるとよいだろう。

② 先生が教えすぎない

表現の技術を教えることはできても、どんなテーマをどう切り取るかという独自の視点は、それぞれの子どもの中から出てくるのを待つしかない。イタリアにはレッジョエミリアという幼児向けの創造教育の伝統がある。その先生はアトリエスタと呼ばれるが、アトリエという表現の環境と、豊富や道具を用意し、制作するインスピレーションを与え、そして、そのよいところを教えてあげる。お互いが表現者でお互い触発し合うのが、先生と子どもの関係だ。教えたい気持ちを抑えて、環境を設定し、さらに先生がそのプロセスの中で生徒から受けたインスピレーションを語りながら、生徒から生まれてくるものを待つ。

③ アウトプットのみで評価をしない

創造的な学びはインスピレーションを得て、形にすることで終わりではない。むしろ、制作をして反応をもらってから、次の新たなテーマが生まれてくるものだ。また、価値観自体は多様なものなので、評価自体も一人の先生がするよりも、ピア・フィードバック（Peer Feedback）における本人の振り返りをメインの学びと考えた方がよい。美術や音楽などの表現系の授業を嫌いになる子が多いのは、限られた時間の中で制作をして評価をされるため、もともと技術が得意な子との差がつきやすく、苦手意識を生みやすい。しかし、制作物というアウトプットのみならず、その背後にある本人のテーマの変化などのプロセスに焦点を当てることが、創造することを楽しいと思う子どもを育てる上で重要だ。

想像力と創造性は誰にでも開かれている

筆者はコロナ禍の一斉休校の3月13日、そしてStay Home Weekの5月3、5日に、全国の親子と学校の先生を対象にした、ビジョンのアトリエワークショップをzoom上で実施した。地域を超えて延べ300人余りが参加し、それぞれの自宅がアトリエとなったビジョンアートの制作を行った。その中で、一番印象的だったのは、親子、先生と子どもが一緒に取り組むことで子どもたちとの会話の仕方が変わったことだった。そして「より深く、子どもたちの好きなことややりたいことを理解できるようになった」という声をもらったことだ。このような制作の場を通じて、子どもと先生がぜひ一緒に取り組むことで、子どもがもともと持っている想像力や創造力の可能性を大人は知ることになると思う。

創造者、表現者には先生、生徒の関係はない。むしろ、表現者という意味では、子どもの方が能力は上だ。先生が子どもと一緒に同じワークに取り組むことで、子どもたちの創造や表現についての可能性と、大人がそれにいかに気付けていないかを実感するはずだ。

最後になるが、最近衝撃を受けたデータがある。2019年PISA調査で、日本の子どもの16%だけが「将来に希望を持っている」と答えたことだ。どんなにスキルを学んでも、そもそも希望を持って生きられない人生だとしたら、それは豊かなものとはいえないだろう。未来の希望を描く学びは、家庭の社会経済的背景に関わらず、誰にでも開かれていると思う。特にオンラインでも実施できたことで、幅広くアクセスできる可能性を見出すことができた。

今を生き、子どもたちの大人になる時代の社会を作る責任を持った一人の大人として、多くの子どもたちが、未来に希望を持てる社会に変えていくためにどうしたらいいか？　ぜひ、一緒に先生方と考えていきたい。

そして、学校で未来をテーマにした授業をやるのだとしたら、私は未来の希望をつくりたい。子どもの持つ創造性は僕らの希望だ。その希望を作る学び、始めませんか？

3

未来のことを考える

石黒　浩（大阪大学大学院基礎工学研究科教授）

私は研究者だが、研究者にとって、おそらく、研究者以外の者にとっても、未来のことを考えることは大事である。しかし勘違いしてはいけないのは、未来には必ず幸せがやってくると思うことだ。もし常に未来が幸せなら、過去は未来に比べて不幸だったのかということになる。平安時代は今に比べてものすごく不幸だったのだろうか？　決してそんなことはない。

幸せとは相対的な価値観であって、過去にも未来にも、幸せも不幸もある。幸せがずっと続けばそれは言わば当たり前になり、幸せでなくなるとともに、少しの不幸が大きな不幸に感じるようになる。

大事なことは、未来は幸せにならないかもしれないけれど、それでも未来に向かって人間は生きていくということである。

そうなると、人間は幸せになるために生きているのではなく、何か別の目的があるか、目的のないままに生きていることになる。何の目的もなく、ただひたすらに生きる。本来人間はそうした生き物だったに違いない。動物を見れば、ただひたすらに生きているように見える。しかし、未来を予測する力を持った人間にとって、未来を考えずに今をただひたすらに生きるということはもはや難しい。未来について考え、そこから今自分がすべきことを考えることで、今自分が生きる意味を感じながら生きることができる。

未来を考える力を持ったが故に、未来について期待が持てなくなった時、人間は動物よりももろく、生きる力を失ってしまう。そこに人間の悲しい性があるように思う。

未来は自分で作るもの

私は、ずっと人間と関わるロボットの研究をしてきた。特にこの20年は、人間理解を目的に人間と関わるロボットの研究に取り組んできた。この人間と関わるロボットの研究を目的に持ったのは、人生の最初からではない。

人生において夢や目的を持つことは大事だが、その夢や目的は、どんどん発展していく必要がある。小さい頃の夢は、不十分な情報をもとに、不十分な能力を前提に作られたものが殆どだろう。だから、当然成長して、情報が増え、能力が高まれば、持てる夢も変わってくる。

私は研究者になった後でも、自分が未来においてやるべきことに確信を持てずにいた。未来においてロボット社会は来るように思えるのだけれど、本当に来るのだろうかと常に思い悩んでいた。

そうしたときに、パーソナルコンピュータの父と呼ばれるアラン・ケイと話す機会があり、アランに、「未来においてロボット社会は来ると思いますか?」と聞いた。アランの返事は「おまえはクリエイティブな人間だろ。クリエイティブな人間は自分で未来を作るものだ。未来は人に聞くものではない。」と言われた。こう言われて、それまでモヤモヤとしていた未来がはっきりと見えたような気がした。それ以来私は講演の中で、ロボットと人間が共生する「ロボット社会」を実現すると自信をもって言うようになった。

未来は予測するものではなく、自分で作るもの。そう考えれば、自分の人生の見通しは遙かに良くなる。不確かな未来のことを考えて思い悩むのではなく、自分で作りたい未来を思い描くだけでいい。

人間は人間を理解するために生きている

自分が思い描いた未来である「ロボット社会」を実現して何をしたいのか。単にロボットがたくさん活躍する社会を作りたいのか。私が作りたいロボット社会とは、ロボットとの関わりを通して人間について多くを学べる社会である。

人間と関わるロボットを開発するには、人間について深い知識が必要になる。そして開発したロボットと人間との関わりを観察すれば、そのロボットがどれ程人間に近づいたか知ることができる。人間は人間と関わるための脳の機能や体を持っている。故に、人間と関わるロボットを実現するというのは、人間そのものをロボットの技術で作り上げるということでもある。

このように、私が作りたいロボット社会を実現するためには、人間について深く理解する必要があり、人間に対する深い興味がなければならない。

思い返せば、私自身、小さい頃から気にかけていたのは、自分とは何か、人間とは何かという問題である。小学校5年生くらいの時に、大人に「人の気持ちを考えなさい」と言われたことがある。そう言われて、何をどうしていいか解らず、逆にその意味を知っている大人はすごく偉いと思った。「気持ち」とは何か、具体的にどんなものを指すのか。「考える」とはどうすることなのか。単に記憶することでも計算することでもないはず。

無論、この小学校5年生の疑問に対する答えは今も得られていない。「気持ち」や「考える」というものは、非常に理解が難しいことである。そしてもっと難しいのが「人」の理解である。「人の気持ちを考えなさい」とは何をどうすることなのか、今でも疑問のままに残っている。

しかし、この疑問こそが人間にとって最も重要な疑問なのだと思う。夢とは何か、生きる目的とは何か、そういったことがはっきりしないままに、目の前のことに取り組みながら生きてきた。ただ、小学校5年生以来、人間や自分に関する様々な疑問が沸き起こっては、時の生活に紛れて消えることを繰り返していた。そうした疑問が研究を続ける中でより明確になり、自分の解くべき問題、作るべき社会のイメージが徐々に露わになってきた。

私が作りたい社会とは、自分を映し出し、人間とは何かを考えるヒントをたくさん与えてくれるロボットが身の周りで活動する社会、ロボットを通して自分たち人間の存在について深く考えることができる社会である。

ただ、この人間理解にはゴールが無い。人間理解は殆どの科学技術の目的であるように、最も難しく、最も重要な問題であるとともに、質《たち》が悪いのはこの問題の答えは常に変化するということである。

人間の定義は科学技術の進歩と共に、少しずつ変化してきた。今後も科学技術の進歩や社会の変化にともない、その定義は変わっていく。それ故、理解したと思っても次の瞬間変化し、また疑問が膨らむ。それでも我々人間は人間理解をやめないだろうと思う。

●未来において人間は幸せになれるのか

そうした人間の未来は、人間にとって幸せなものになるのだろうか。

先にも述べたように、幸せとは相対的な価値観であって、過去にも未来にも、幸せも不幸もある。幸せがずっと続けばそれは言わば当たり前になり、幸せでなくなる。故に、未来において幸せは保証されない。しかし、多様性は重要だと思う。

もし未来が一つだったら、それを幸せと思う人にとってはいいことだが、それも変化しなければ、幸せはすぐに薄れていく。未来がどうあるべきかと考えれば、多様な価値観を受け入れてくれる多様性があることだろうと思う。

多様性で思い出されるのは、動物や人間の進化である。未来に向けてより良い形態に自らを変えていく進化は、未来を予測しているわけではなく、多様な個体をたくさん生み出し、そのうち偶然環境に適応したものだけが生き延びる。無論、個体が学んだことが社会の中で引き継がれて、よりよい個体がうまれていくということもあるだろう。しかし、多様性を失ってしまっては、進化は難しい。

では、ロボットの技術は、ひいては科学技術一般は、未来において多様性を生み出すのだろうか。私の答えはＹＥＳである。

科学技術は特に人間について、その可能性をどんどんと広げてきた。人間は科学技術を取り込むことによって、膨大な情報を扱えるようになり、また秀でた身体能力を持てるようになった。スマホを使えば、何時でも何処でも世界中に散らばる情報にアクセスできると共に、自分の記憶能力を代行させることもできる。自動車や飛行機を使えば、瞬時に別の場所に移動できる。

またそうした科学技術は人間の定義も変えてきた。昔は手や足を無くした人や、生まれながらに持たない人は、その身体能力の低さから差別されることが多かったが、今は、優れた人工義肢が開発され、身体能力は時に健常者を上回ることもあり、差別は少なくなってきている。パラリンピックの選手のプレイをみればその凄さに感動することも多い。

人間の定義として、完全な肉体を持つことが必要かと問われれば、ＹＥＳという人は殆どいないだろう。義手や義足、人工臓器などを使っていても、その人が人間であることに誰も疑いを持たない。技術は、人間の定義を拡げ多様性をもたらしてきているのである。

肉体が人間を定義する要件にないなら、人間は未来においてさらに多様性を拡げる可能性がある。人間の肉体という制約に縛られずに、自由に身体や感覚器や脳の機能を拡張することができる。

このようにして、我々人間は科学技術を取り込みながら、多様性を増し、さらに進化していく。未来は幸せかどうか解らないが、いろいろな可能性に満ちていることは間違いなく、その可能性は科学技術によってさらに拡張されていく。

どのような人間に進化したいのか、人間一人ひとりが思い描く未来の全てが可能性としてある。多様性を生み出す科学技術を発展させながら、それぞれがなりたい未来の人間を思い描きながら、人間の可能性を探究し、人間を理解しようとしている。いまのところ、これが人間として生きることの意味だと思う。

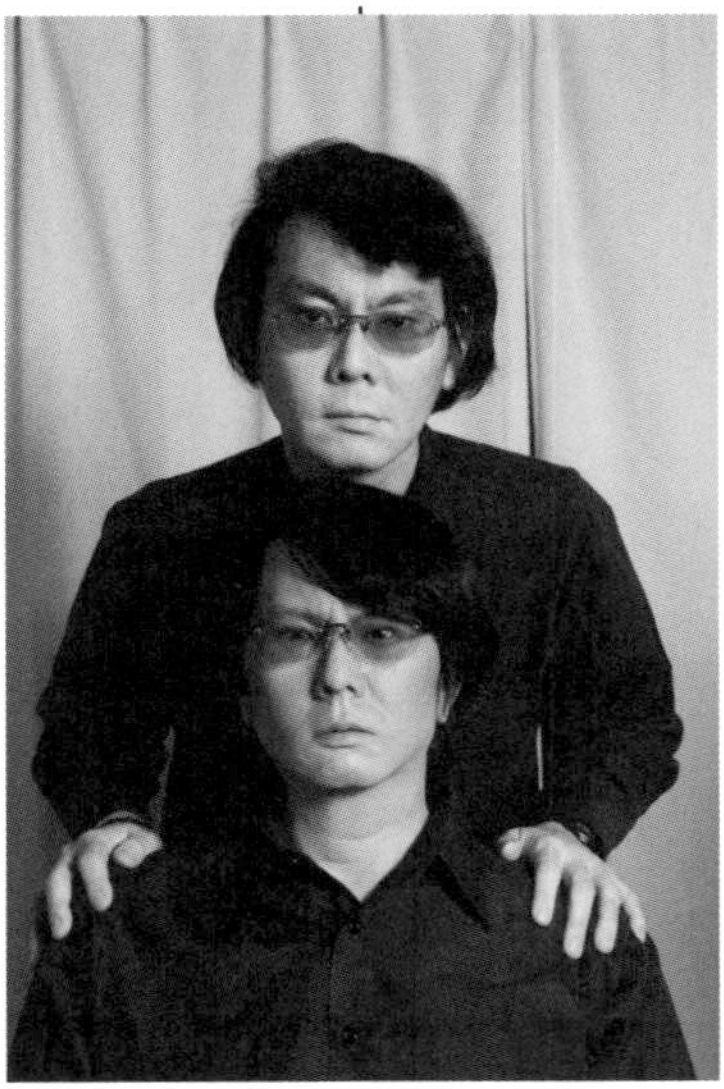

part2

未来を見据えた学び方

―学校内外での様々な試み―

PART2では、「未来」を視点にしながら取り組む、学校内外での新しい学び方を紹介します。「未来」をキーワードにした、多様なコラムも掲載します。

1

学校を飛び出した先生が学校を巻き込む

――少し先の未来の学校の姿とは

前田　健志（合同会社　楽しい学校コンサルタントSecond代表）

この原稿依頼をいただいた時は、コロナ流行前だった。その時、だれが今のような「未来」を予測しただろうか。急速なＩＣＴの普及、行動制限、消毒作業、挙げればきりがない。「未来」は予測することが不可能に近い。

ただ、人類の歴史において未来は常にＶＵＣＡ（不安定さ・不確実さ・複雑さ・曖昧さ）であったのであって、今に始まった話ではない。常に、人類はＶＵＣＡと向き合い、それに対応してきたのだ。大切なのは、「予測する」ことよりも「対応する」ことだ。もっと正確に言うと、「ある程度予測しつつ、外れても柔軟に別の手法で対処する」ことが大切だと考えている。そして、これは授業や生徒との関わりにおいても、全く同じではないだろうか。我々教員が相手にしている生徒たちは、常にＶＵＣＡであり、教員はそれに日々対応している。そう捉えると、何もコロナの流行真っただ中であっても気分が滅入ることはないし、楽しいものだとすら思えてこないだろうか。

制約や要求が多い学校

前置きはここまでにして、本題に入ろう。

私は２０１９年４月、13年間の教員生活にピリオドを打ち、「楽しい学校コンサルタントSecond」を起業した。「先生」を辞めたわけではなく、「先生」や「学校」の定義を広げるために、ある特定の学校の「教員」であることを辞めた。

今、生徒たちは学校で楽しく学んでいるだろうか？　先生たちは活き活きと生徒たちと学び合っているだろうか？　一般的な答えは「Ｎｏ」であろう。「学校が楽しい」と答える生徒の大半は、「友達に会えるから」ではないだろうか。

先生たちが手を抜いているから、このような現状になっているのだろうか？　これも一般的な答えは「Ｎｏ」であろう。一般的にブラックだと言われる学校現場が成り立っている事は、ひとえに先生たちに努力家が多いことを証明していることに他ならない。こんなにも子ども思いで、努力家の先生方が多いにもかかわらず、なぜ楽しい学び合いが学校現場にはこんなにも少ないのか。理由はいくつもあるだろう。

考えられる最大の理由の１つが、先生や学校への制約や求められるものが多すぎるということだ。特に公立高校は顕著であろう。本来、学校のよきサポーターであり、アドバイザーであり、ともに理想の公教育を実現していくパートナーであるはずの教育委員会は、基本的に学校・教員の〝管理〟に重点を置き、〝失点〟しないよう、〝リスクをゼロにしていく〟ことに注力している光景をよく見かける。これでは、先生のチャレンジする気持ちも萎縮し、学校から活気もなくなり、何事も起こらないようにするのが最優先事項になってしまう。また、失点が少ない、かつ、なんでもこなせるスーパー教師がもてはやされ、それを目指すように、現状に合っていないような研修がたくさん入れられ、先生方は疲弊していく一方である。加えて世間からの風当たりも強く、「学校や教師は何をしているんだ！」と批判を受けることも少なくない。こんなに頑張っているのに……と心折れてしまい、大好きな教壇を離れざるをえない人たちも少なくない。周りも助けてあげたいのに、時間的なゆとりも精神的なゆとりもなく、なかなか声をかけてあげられない……。そんな学校現場もよく見かける。

こんな状況、子どもたちにとっていいはずはない。子どもたちに一番見せなくてはいけない大人の姿、学校のあり方は、「大人って楽しい」「失敗しても失敗してもチャレンジし続ける」といった姿勢ではないだろうか。

「未来の学校」に必要不可欠なこと

少なくとも私はそう考え、先生方が学校で活き活き働けるようにサポートをしている。総合的な

探究の時間、教科横断、カリキュラムマネジメント、地域連携などサポート内容は学校の悩みに応じて多岐にわたるが、共通しているのは「先生たちの〝やりたい〟を引き出し、実現していく」ことだ。想像してみてほしい。先生たちが活き活きして、色々なチャレンジをしている学校を。これが少し先の、未来の学校に必要不可欠かつ基本的な事ではないだろうか。

具体的な事例を挙げよう。〝仮想の学校〟という教科横断の取り組みである。先生たちが学校の中で教科を超えた学びを設計したいと思っても、進度や同じ学年で足並みをそろえなければならないなど様々な制約を抱えている人も少なくない。本当はそんな制約はないのだが、組織運営上、暗黙のルールになってしまっている学校が多い。なかなか学校の中で実践できないなら、学校の外に先生たちの「やりたい」を実現できるフィールドを創ってしまえばいい。色々な学校の生徒や先生を集めて、学校を創ってしまえばいい。場所と人さえあれば、実現可能だ！　そう思って開校したのが〝仮想の学校〟平和町高校だ。先生たちや生徒たちが集まりやすいときに開校。色んな教科の先生たちがチームになって、みんなが共通で関心のある中心テーマから、それぞれ教科ごとのアプローチをし、みんなで学びあい、提案する。

今まで、「コンビニを科学する」「参勤交代を科学する」「パーティーを科学する」「オンライン授業を科学する」などを実践した。すべて5〜7教科横断の実践であり、高校で習う範囲の内容を活用する形だ（詳しくは合同会社楽しい学校コンサルタントSecondのホームページをご覧いただきたい）。学びに来る生徒たちも、教科のつながりや実社会とのつながりを感じながら有機的に学ぶことの楽しさを感じ、受講後の学校での学び方が変わったという声をたくさんいただいている。先生方も、自分たちの職場に戻って、この実践を広げている。先生方の「やりたい」を実現する取り組みなので、どんどん参加者・実践者が増えている。

学びとは、本来有機的なものであり、様々なつながりがあるはずが、少ない教職員で効率的に教えることを追究し、教科・科目を細分化、役割分担を明確化していったことで、セクショナリズムに陥り、各教科科目の授業の学びが分断された状態になっているのが現状だ。色々な教科の先生方同士で、一緒に授業を創り上げる経験をしたことがある人がいったいどれだけいるだろうか。「そんな余裕ない」と叫ばれる先生方も多かろう。教員の多忙さには拍車がかかり、職員室からにぎやかさが失われていっている学校も少なくない。

ただ、先生たちは心の中でたくさんの「やりたい」を持っている。これは間違いない。もし間違いなら、私の活動が成り立たないし、企業として収益をあげることもできない。私に仕事の依頼がたくさん舞い込む、これが先生たちは実は「やりたい」をたくさん持っている証だと私は思っている。

様々な視点から見てみると

少し海外の事例を紹介したい。フィンランドでは「先生の先生」「先生をサポートする先生」が各学校に配置されており、専門職としての社会的地位もあり、養成課程もきちんと整備されている。いわゆる普通の先生は、この「先生をサポートする先生」に相談したり、一緒に計画を立てたり、他の先生方と協働をサポートしてもらっている。教科内容に加えてファシリテーション、コーディネーション、コンサルティングなどを専門とする「先生をサポートする先生」が潤滑油となり、学校全体・地域全体で有機的な学びが展開されている。「先生ができることにも限界がある。なんでも求めるのはおかしい」ということ、そして〝教育の重要性〟を社会全体が認知し、そこに十分な資金が投入される必要がある、と国民全体で共通理解があるからこそ実現している仕組みだ。それに比べ、日本ではこのままでいいのだろうか。「先生をサポートする先生」の必要性を訴えるためにも、起業という道を選んだ。

もう一つ違う視点を投入したい。今、「学校教育」や「教員」に対する激しいバッシングをよく見かけるが、既存の学校の強みや先生方の強みはないのだろうか？　答えは「Ｎｏ」である。毎日「授業」を積み重ねたり、生徒との関係を深めたりしている「教師」という職業ほど、実践力や子どもとのコミュニケーション力に長けているものはあるまい。また、教科などの専門性という点でも優れている。この強みを活かし、さらに民間企業の社員などが学校で改めて学べることもできる可能性さえあると思っている。安易に今の学校教育が問題だからといって破壊的に新しく創るのではなく、先生の強みも外部の強みも活かす形の「学び舎」を目指した方がいいのではないだろうか？

少し想像してほしい。児童生徒に混ざって、地域の方が机を並べ共に学んでいる姿を。隣りで大人が真剣に学んでいる。これは子どもたちに、とてもいい影響を与えるだろう。常に生徒と先生たちが楽しく学びあい、外部の人たちが学びたいときに学校の中に入ってきたり、一緒に何かを探究したりできる学び舎。これが私が思い描く、少し先の未来の学校である。もちろん、オンラインで様々なところとつながっていることは言わずもがなだ。リアルにもバーチャルにも本当に開かれ、誰もが活き活き学びあっている学び舎。この実現のためにも、各学校に「先生をサポートする先生」が配置されることを目指して、これからも「楽しい学校コンサルタントSecond」として活動していく。

column 1

「安全基地」のような未来の学校

沼田翔二朗（NPO法人DNA代表理事）

私は、群馬県内で「教育コーディネーター」という立場で、約20の中学・高校で先生とともに年間300時間程度の授業づくりをしています。3年間を通じたカリキュラムの設計に関わる学校もあれば、年間数コマのみ授業を行う学校もあり、関わりの濃淡はあります。主に、キャリア教育や総合的な探究の授業で実施しますが、一番の特徴は生徒が学校外に積極的に飛び出すことです。そして、地域と生徒、地域と先生の橋渡しをするのが私たちの役割で、一部の生徒だけではなく、全員に機会が行き渡るように調整します。

例えば「探究型インターンシップ」は、“2030年の仕事の未来を探究すること”を目的とした授業です。社会の創り手になっている10年後の未来を見据えて、地域の企業等に出向きます。一見、興味のなかったものづくりの仕事。暑くて、熱くて、大変。しかし、懸命に働く大人の姿を見ながら「自分の興味あるAIやICTは、未来においてものづくりをさらに支えていくのかもしれない」と、高校生は気づきます。それからは、興味のないことでも複数のテーマにかけ合わせて、考えを深める癖がついたようでした。

多様な連携を通じて“高校生の学びの姿”は、授業・教科書・先生からの学び、インターネット・企業等・地域の大人からの学びが、シームレスになりつつあります。高校生にとって「○○を学ぶ（対象）」に留まることなく「○○から学ぶ（手段）」という、目の前に出会っていくことすべてが“学びの素材”になります。

今後、学校は地域等の連携から学びの材料がますます豊富になっていくでしょう。学校は自分の興味や価値に気づく学習環境を整えながら、高校生は学ぶことの意味や面白さを実感できる。時には学校を飛び出して学び、それを友達同士で共有しながら、さらに先生から学びを深めていくための問いを投げかけられる。そして、学校の役割は、「学びや成長を支える安全基地」へと変わっていくのではないでしょうか。

2

すべての生徒の「未来」を考える

――地域と若者の橋となる学校

望月　未希（東京都立王子総合高等学校主幹教諭）

生徒が学校から去っていく……

進路多様高校に赴任して3年、掌から砂がこぼれるように生徒が学校を去っていく。様々な手立てを考えたが、学校の教育的資源に限界を感じ、教育と生徒とのつながりの希薄さに直面した。高校での学習と、自らの生活や未来とのつながりが感じられず、学習意欲の低さにつながっていた。

なんとか彼らに「未来とつながる」教育を行えないか悩む中で、「community-engaged learning」略して「CEL」の考え方が目に留まる。2011年のアメリカの先行研究で、質の高い教育を得る手段として学校を社会に開くというものであった。医療従事者の学校がより質の高い教育を行うために地域に学校を開き、小さなコミュニティからより大きなコミュニティへ学びの場を拡張している図になっている。これを先行研究「英国のサスティナブル・スクールの展開と日本における教育実践への示唆　サスティナブル・スクール実践校における学力追跡調査と政策研究に基づいて」（佐藤真久・岡本弥彦ほか、「環境教育」ＶＯＬ．20－1、２０１０）と合わせて、前任校の「ＣＥＬ」として考えた（図1参照）。

新しい教育課程を研究

この考え方をベースに、「地域と若者の橋となる学校」つまり、「社会との接点を創ることで、より質の高い教育を得る」教育課程研究が始まった。

学校内だけで教育活動を行おうとする限界を越えて、学校外の社会との接点の中に活路を見出した。さらに、彼らの成長を見据えた3年間で継続的に進められ、可能ならば学校に根付くような持続可能なカリキュラムマネジメントを目指そうと考えたのである。

この研究は、２０１６、２０１７年度の文科省教育課程研究校（ＥＳＤ：持続可能性のための教育）として進められ、研究対象学年２００名の入学から卒業までの3年間（研究指定終了後の２０１８年度も継続した）を通した教育課程研究である。この間、研究主任と研究対象学年の学年主任を兼任した。

研究の主要な成果の一つとして、入学から卒業までの転退学率が減少したことがあげられる。研究開始時・過去3年間平均転退学率は約28％であったが、研究対象学年は約14％となり、約50％の減少を達成した。何故彼らは高校に価値を見出してくれたのだろうか。

研究の進め方では、最初に教育活動の目標の捉え直しを行った。研究対象学年に関わる全ての教

図1 カリキュラム編成とコミュニティ
Community Engaged Learning

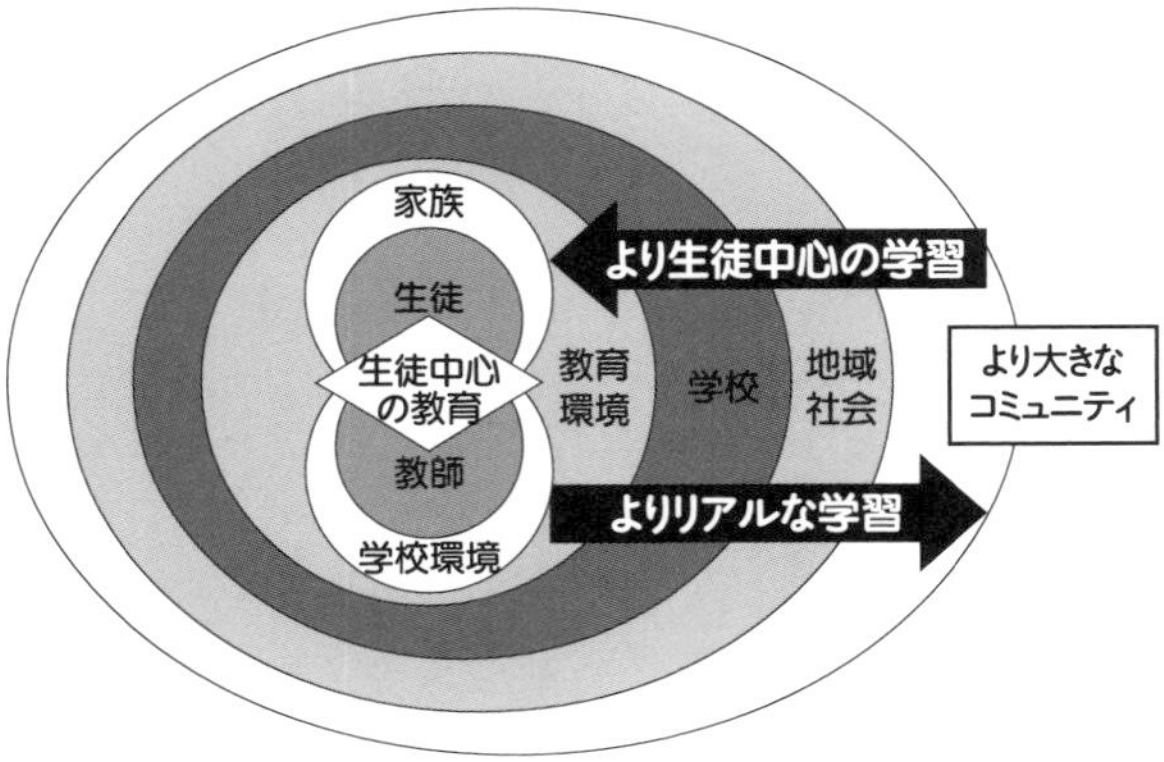

科に、先生方自身の考える本質的な学びに基づいて、地域社会とつながる地域連携型の授業や教育活動を年間に1回は実施してくださるようお願いし、表を作成して目標と内容を共有した。先生方にとっては年に1回研究に沿った授業を行うだけでも、生徒にとっては繰り返し地域連携を経験することとなった。さらに学校設定科目により、学外での活動に単位を与えるシステムを作った。

内容は、各授業はもちろんのこと、地域の季節の花を校内に飾る事など、小さな取り組みから、部活動が地域の小学校へ英語を教える授業を行ったり、さらに、学年全体としての地域の森林保全活動、地域の祭りへの参加など学校全体の行事に至るまで様々であった。そこから継続的に学外へとつながりを構築していく取り組みにもつながっていった。また、この中には、すでにあった取り組みを「地域連携」という視点から再評価したものも含まれている。特徴としては図1のようにスモールステップを踏みながら、経験を経て少しずつ生徒を勇気づけ、境界を越えていくこと。そして若者と地域をつなぐ橋としての機能を、学校が作り出していったことである。何年か経つうちに、多種多様な活動は緩やかに淘汰され、優れた効果や良いシステムを持つものは教育活動として学校の中に定着していった。定着していった取り組みの特徴としては「学内の課題と、地域の課題を結ぶ」という点がある。「優れた取り組み」の実践例として、「森林保全活動」の取り組みから生徒自身が創り出す教育活動につながるまでの遷移を追ってみる。

●生徒の一言から

この「森林保全活動」の特徴は、学校と地域の課題をマッチングさせ、持続可能な取り組みに発展したことである。学内の課題は「生徒と社会とのつながりが希薄であり、機会が欲しい」、地域の森林保全の課題は「地域やNPO参加人員の高齢化により、里山の保全活動の持続が難しい」この2つをマッチングさせ、学年行事、そして有償ボランティアとして持続的に参加が可能なシステムを創り出した（図2参照）。

森林保全活動に取り組んできた生徒の中から、伐採した竹を作品制作に活用したいという相談があった。この生徒：Iさんは建築に興味があり、自分で考えた建築物を美術部の活動として作りた

図2

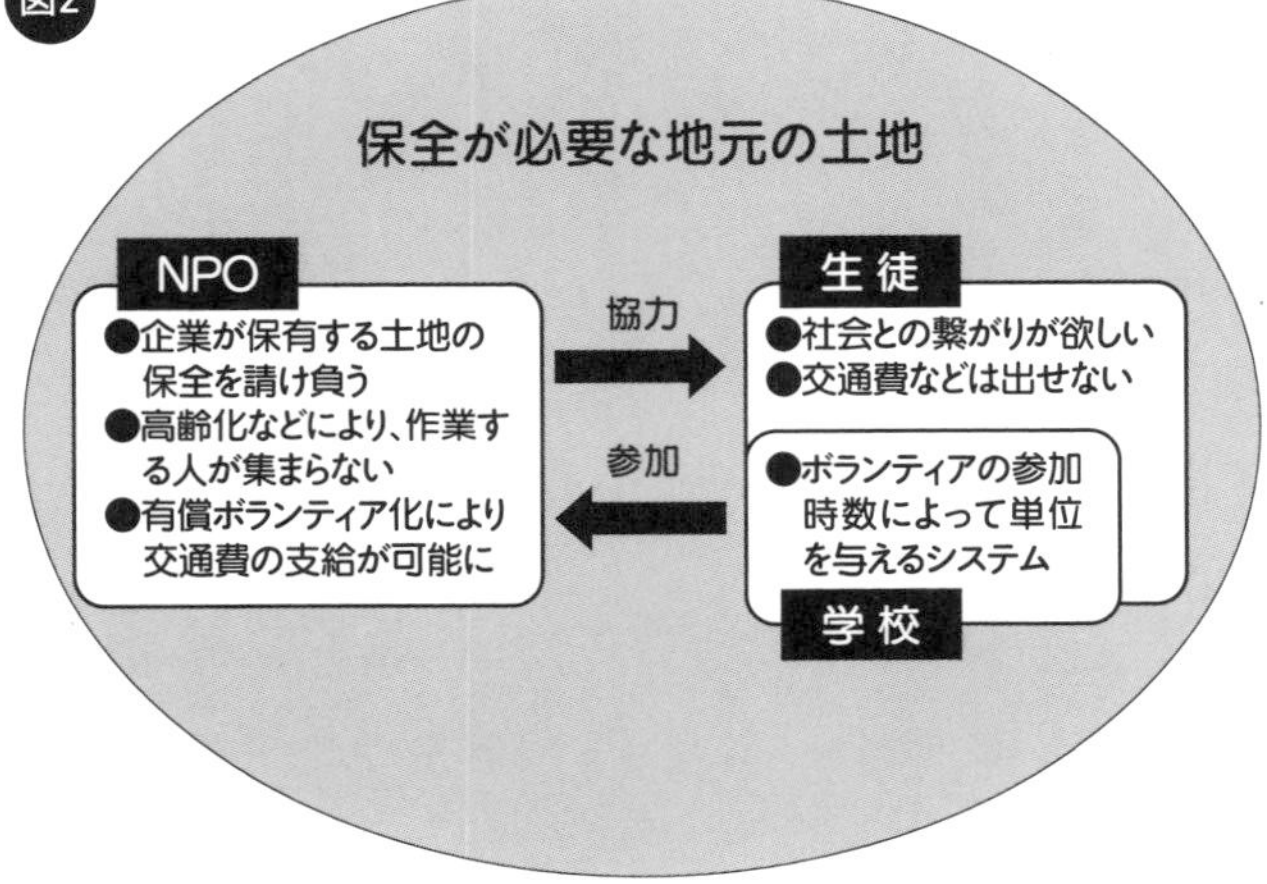
保全が必要な地元の土地
NPO
●企業が保有する土地の保全を請け負う
●高齢化などにより、作業する人が集まらない
●有償ボランティア化により交通費の支給が可能に
協力
参加
生徒
●社会との繋がりが欲しい
●交通費などは出せない
●ボランティアの参加時数によって単位を与えるシステム
学校

いとの思いがあった。手軽に手に入り、量が必要であることを踏まえ、伐採後には林で自然分解を待つ竹に目を付けたのである。

私は、森林保全ＮＰＯの方に相談するようにと伝えた。森林保全活動の行事や、有償ボランティアでもつながりがあるため、Ｉさんは何の気負いもなく学外の大人に相談することができた。ＮＰＯの方は快く協力を了承してくれた。ＮＰＯも、単に竹を切るだけでなく、教育活動に活用して貰えるのは嬉しいとのことだった。Ｉさんは、学外の大人と打ち合わせを行いながら、美術部員を組織し、素材の竹を切り出す日程や、運搬の日程を決め実行した。組織の仕方も強制ではなく、美術部員に自分のやりたいことを伝え、協力してくれる人を募った。何人かが協力を申し出て、実際にＩさんの建築物を作る運びになった。

未来に向けて学校を活用

さらに、設計に行き詰った時には、Iさんは建築事務所で働く先輩（美術部ＯＧ）に連絡を取り、自分の設計を実現させるための知識や、建築模型の作り方などを教わった。ＯＧは、自らが頑張っている建築事務所での仕事や、一級建築士を目指していることなどを部活動で語ってくれた。ＯＧには仕事の知識や経験を後輩のために活かせ、尊敬される機会になり、Iさんにはより具体的に夢を叶えようと励まされる機会になった。建築作品は無事完成し、文化祭には「ボランティアから建築へ」と言うタイトルで展示が行われた。

Iさんの行動は、地域社会と緩やかにつながるシステムを学校教育の経験から理解し、自分の未来への希望を叶えるために活用したのではないだろうか。つながりが希薄な場合、個人の力では解決できない課題にぶつかると「あきらめる」という選択肢しか無いように見えるが、彼らは学校を橋として、地域社会の様々な人や事物とつながった結果「あきらめない」力を身につけ、自らの未来へとつなげていった。「あきらめない」力というのは、社会とのつながりによって、自分の意志を貫く方法を身につけるということかもしれない。Iさんは、建築士になるために国公立大学に進学した。

研究の意外な成果としてもう一点を挙げておく。研究対象学年は、転退学率が、記録を取っている過去15年間で最も低かっただけではなく、2020年現在までの実績で東京学芸大学2名合格、青山学院大学、明治学院大学、駒澤大学合格、公務員試験6名合格などの進路結果も出した。生徒たちは、学校を地域社会とつながる橋として活用し、「教育には価値がある」という実感を見出し、自らの未来につなげていってくれたのではないかと思う。

この研究実践を通して気づいたことは、学校が全てを賄おうとするのではなく、学校ではない所に居場所を作り、「学校が世界の全てじゃない」と言ってくれる大人とのつながりを作る。そこで勇気づけられて、生徒たちはまた教室に戻ってきてくれる。私たち教員の仕事は、社会とのかかわりに価値を見出し、未来へのつながりを生徒自身が主体的に見出す。そのような環境を整え、待つことなのかもしれない。

column 2

資質・能力を育む「日常のキャリア教育」
── 桐蔭学園での取り組みから ──

一蝶 亮（学校法人桐蔭学園教諭）

桐蔭学園ではキャリア教育を「変化の激しい社会において、他者と協働しながら自分の人生を切り拓くことができる資質・能力を育む教育」と定義し、HRをベースとした日常生活の中で資質・能力を育てる取り組みを行っています。

その一つが朝のＨＲで行われている「活動日誌」を使ったワークです。「活動日誌」とは、週の目標を定めた上で日々の生活状況やふり返りを記録するためのカードであり、生徒は毎朝前日分の記入を行います。また、「活動日誌」に記入した内容や記入する際に考えたことをペアに伝えてフィードバックをもらう「ペアトーク」も行われています。自分で定めた目標を意識しながら日々のふり返りを行うだけでなく、その内容を他者に伝えることによって自己を客観視し、自覚的に生きる力を育成することが狙いです。

アセスメントの結果、この活動を通して「目標に対して今、自分に何が足りないのかを把握する力」や「目標に向けてどのような行動を取るべきかを理解する力」といった「自己管理・自己調整」に関わる資質・能力の向上が促されていることも明らかになりました。さらに、話し手と聴き手の双方を経験することで「他者を意識して伝える心」や「多様な価値観を受け入れる心」を育む「１分間スピーチ」も行われています。１日20分程度の朝のHRが、まさに資質・能力を育む場となっていると考えられます。

新型コロナウイルス感染症の流行により、世の中の「当たり前」が「当たり前」ではなくなりました。たった数か月でこれほどまでに世の中が大きく変わろうとは、誰しもが想像しなかったはずです。子どもたちが生きる「未来」とは、まさに「いつ、社会の根底を揺るがすほどの変化が起こるかもしれない世界」です。我々に求められているのは「唯一解」を導き出すことができる「学力の伸長」ではなく、そのような社会の中にあっても自分を見失わず、他者と協働して課題を解決しながら、力強く自分の人生を切り拓くことができる資質・能力を育むことにほかなりません。

3

「未来」の評価のあり方

――プロジェクトによる学びを支える「未来の通知表」

市川　力（一般社団法人みつかる＋わかる代表理事）

●見えないなりゆきを追い求めるプロジェクトに取り組む未来の学び

地球規模の気候変動が様々な地域に深刻な自然災害をもたらし、追い打ちをかけるように新型コロナウイルスの世界的蔓延が私たちの政治・経済システムに大打撃を与えている。人類の「未来」が「持続可能」だとは言い難いことが強く実感される日々を、私たちは生きている。

学歴や資格を取得し、職種を決める。企業に就職して与えられた仕事をこなしてゆけばそれなりの人生は歩める。転職という形で仕事の中身を変えることはあっても、価値観、生き方まで変えることはない。こうした「確定した未来」を思い描くことはもはや難しい。いちいち考え、やり直し、つくり直すことを辞さない、なんとも面倒なプロセスを歩まなければならない。そんな不安定な世界を希望を持って生き続けようとするマインドが育つ学びと教育が待ったなしで必要なのだ。

ＳＤＧｓに代表されるような、見えないなりゆきを追い求めるプロジェクトでは、目標を明確にし、到達するまでの道筋を逆算してあらかじめ計画を立てるわけにはいかない。やってみないとわからないところからスタートし、試行錯誤しながらつくり続けてゆくやり方はこれまでの学校における学びの常識を打ち崩すものだ。しかし、未来の高校が、未来をつくる場として機能するには、教師と学生が入りまじって、ともに学び成長する仲間としてたくらみ続けることが不可欠である。

●プロジェクトの進め方をフィードバックする6Csという通知表

では、先行き不透明なプロセスでの学びをどう進め、どう評価すると教師も学生もともに成長してゆけるのか。この時に大いに役立つのが、世界的な発達科学者であり、プレイフルラーニングの第一人者でもあるキャシー・ハーシュ゠パセックとロバータ・ミシュニック・ゴリンコフが明らかにした「6つのC（以下6Cs）」[1]である。

6Csとは、コラボレーション（Collaboration）、コミュニケーション（Communication）、コンテンツ（Content）、クリティカルシンキング（Critical Thinking）、クリエイティブイノベーション（Creative Innovation）、コンフィデンス（Confidence）といういずれも「C」の頭文字から始まる6つのスキルである。これら6つのスキルを選んだことがなぜ大きな意味を持つのか。それは、6Csが、生まれながらに私たちが持つ好奇心や直観力を原動力として、他者とともに活動しながら学び、つくるプロセスを明らかにしているからである。

図1　プロジェクトのプロセスを示す6Cs

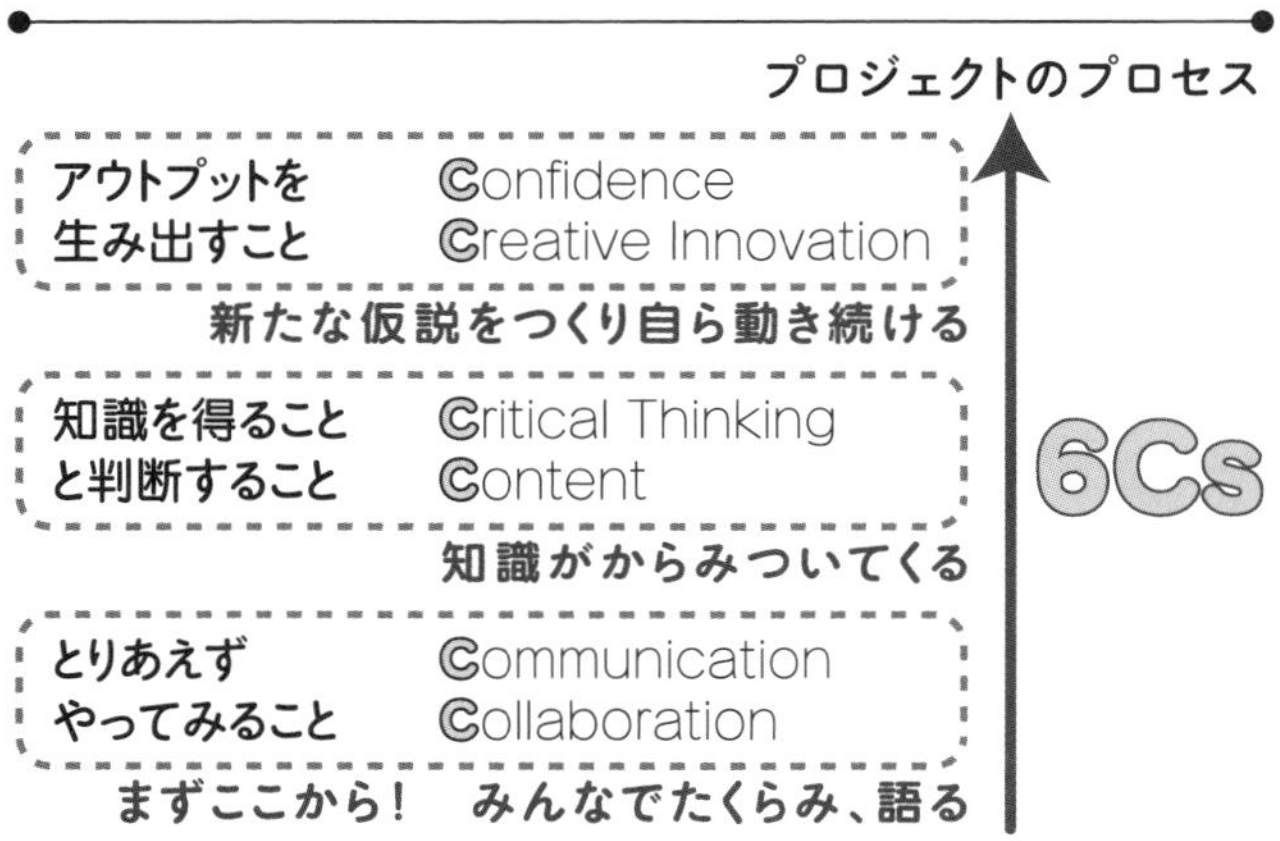

これまでの学びの常識では、6Csで言うところのコンテンツとクリティカルシンキングからスタートした。必要な知識を手渡したり、自分たちの考えが正しいかどうか確かめるところから学びを始めるのである。しかし、見えないなりゆきを追いかけながら、よりよい意味・カタチ・仕組みをつくりだす場合、何をどう始めたらよいかすらはっきりしないので、そのやり方は通用しない。

図1は、6Csを発達の道筋に沿って下から上へ並べたものだが、面白いことにプロジェクトの進むプロセスと見事に一致する。これを見れば、コンテンツとクリティカルシンキングのスキルを活用する前提として、コラボレーションし、コミュニケーションする必要があるとわかる。6Csという認識のメガネのおかげで、コラボレーションとそれに伴

うコミュニケーションが活発に行われる、安心感のある場をじっくりつくりあげることの重要性が明確になるのである。

コラボレーションは、思いつきを素直に出すことから始まる。ちょっとした気づきや発見でも臆せず表明する。その結果、試してみたいたくらみが出てきたらとりあえずやってみる。最初はみんなバラバラに活動するかもしれないが、それぞれ試してゆくうちに、自分より相手の考えに関心が出てきたり、触発されたりし始める。それぞれの「個」を発揮しつつ、みんなでたくらむ流れが生じるのだ。こうして「個の実験（ラボ）」である「個ラボ」が「みんなで実験（ラボ）」という「Coラボ」へと発展する。

コラボレーションの途中で生まれる対話は、自分の思いがただあふれ出したり、思わぬ方向に飛躍したり、かみ合わないことが多い。だがそれでいい。理路整然と説明したり、相手を納得させたりするのが目的ではなく、発見を共有し、蓄積するために対話している。こうした対話を通じて、さらに「Coラボ」が盛り上がり、活性化する。そのためのコミュニケーションだ。

コラボレーションとコミュニケーションのプロセスを積み重ねれば、自ずと必要な知識が見えてくる。たまたま面白い情報に出くわすことすら起こる。コンテンツの方が勝手にからみついてくるのだ。やってみた実体験と知識が出会うと、多面的に考える気持ちが動きだす。クリティカルシンキングによって吟味する必要性は、この段階に達してようやく生まれる。

生まれた仮説やアイデアは、何らかのアウトプットとしてまとめ、発表してフィードバックを得る。そうすれば次にどうしたらよいかのヒントや展望も得られる。こうしてクリエイティブイノベーションとクリティカルシンキングとの間をいったりきたりして、仮説はさらに磨かれ面白くなる。「5つのC」のプロセスを経て、個人としてやりきった自信が生まれると同時にみんなとたくらむ面白さも確信する。最後のCであるコンフィデンスはこうして育つ。

以上のプロセスを繰り返してプロジェクトを積み重ねることで、6Csそれぞれのスキルも伸びてゆく。また、6Csをメガネとしてプロジェクトを見つめることで、今、自分たちがどの段階にあり、どのようなあり方が求められているか判断できる。6Csはプロジェクトの進め方をフィードバックしてくれる、「通知表」として機能するのである。

面白がる心を駆り立てる3Cs

未来の「通知表」に必要なもう一つの役割は、何を目指し、つくるかがはっきりしない面倒なプロセスを前向きに歩み続ける心を後押しすることである。「こんなことをやって何の意味があるんだろう」「もうやめようかな」と心が揺れ動く瞬間に何度も襲われる。にもかかわらず、ひたすらつくり続ける気持ちを失わないために必要なのが「面白がる」気持ちだ。正しいか誤っているか、いいか悪いか、うまいか下手か、できるかできないか、使えるか使えないかという「評価軸」では、

図2 面白さを評価するための3Cs

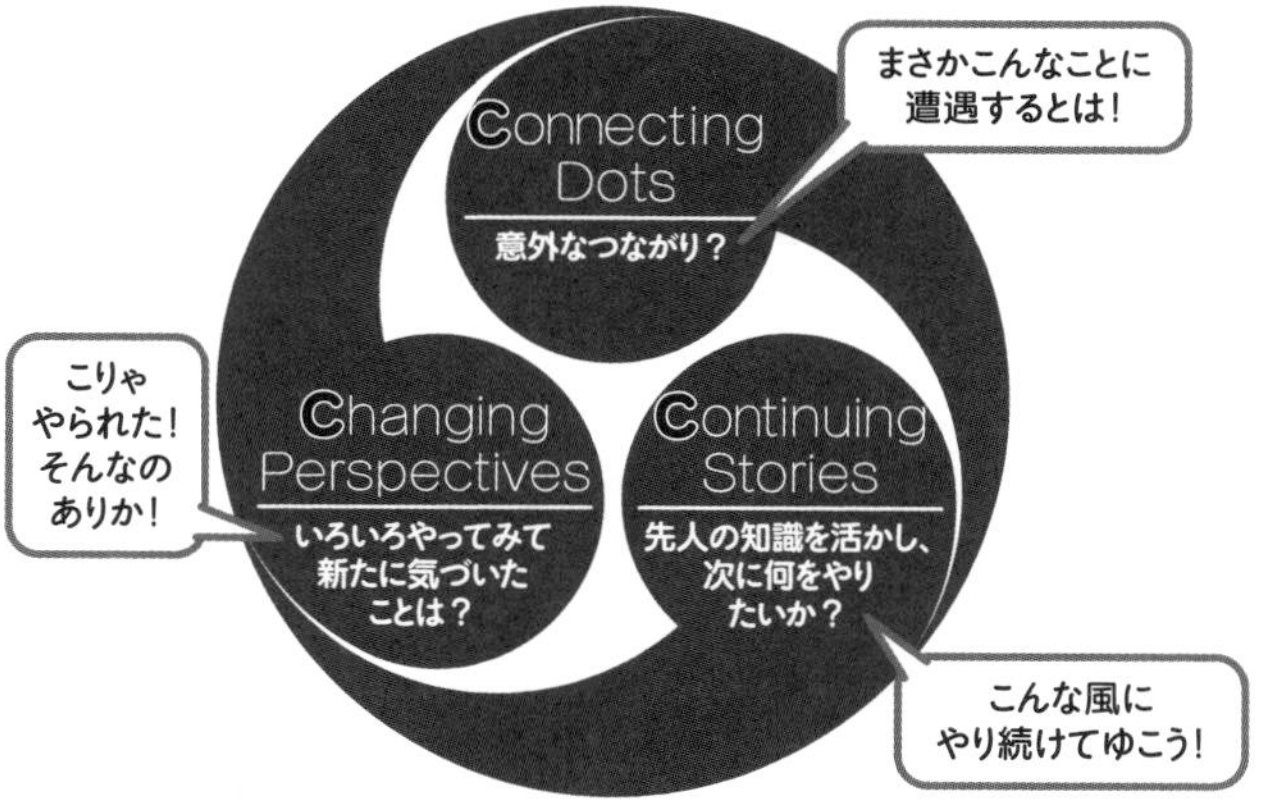

まさかこんなことに遭遇するとは!

意外なつながり?
こりゃやられた!そんなのありか!

先人の知識を活かし、次に何をやりたいか?
こんな風にやり続けてゆこう!

チャレンジする気持ちは駆り立てられない。面白いからやるという好奇心を刺激するフィードバックが、「未来の通知表」には不可欠だ。そのために私が考え出したのが3Csである(図2)。

たまたま出会った意外なこと(Connecting Dots)、やってみて新たに気づき、見方・考え方が変わったこと(Changing Perspectives)、プロジェクトを通じて知った先人の知恵をふまえつつ、さらにやってみたいと思っていること(Continuing Stories)という3つの観点で、プロジェクトを面白がる。3Csでプロジェクトを見つめなおし面白ポイントがあぶりだされるとワクワクしてくる。決して楽ではないプロジェクトでも、なんとか進めようと面白がる心を駆り立てる評価が3Csなのだ。

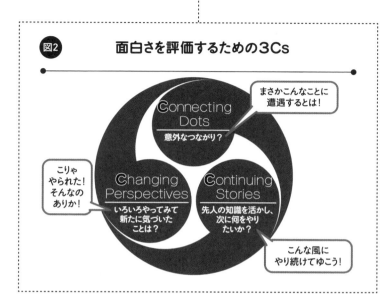

ラボとしての未来の高校・ともにラボでつくる仲間としての教師

未来の学びは、学校だけで閉じたものではなく、社会に開かれ、多様な年齢やバックグラウンドの人たちがプロジェクトを通じて出会い、何かをつくりだすものになる。こうしたプロジェクトを次から次へと繰り広げるラボ（実験場）として未来の高校は大きな役割を果たす。教師は、ラボに参加する仲間として、ともに課題に立ち向かい、場を盛り上げ、何かをつくり続ける存在になる。[2] 6Csや3Csを「未来の通知表」として、学生も教師もともに自ら評価し、互いに評価し合い、即座に次の実践を変えてゆく。これこそ、未来をつくる教育の姿だと言えよう。

【注】

1　原著はGolinkoff, Roberta Michnick・Hirsh-Pasek, Kathy「Becoming Brilliant: What Science Tells Us About Raising Successful Children」（2016）。今井むつみ・市川力（訳）「科学が教える、子育て成功への道」扶桑社、2017年として日本語翻訳本が出版されているので参照してほしい。

2　このような教師のあり方を私と慶応義塾大学教授の井庭崇は「ジェネレーター」と名づけた。詳細は井庭崇編『クリエイティブ・ラーニング：創造社会の学びと教育』慶應義塾大学出版会、2019年、527~546ページを参照。

column 3

未来とテーラーメイド教育

西成　活裕（東京大学先端科学技術研究センター教授）

近年の教育環境の変化は著しく、今やオンラインで世界中の様々な授業やテキスト、そして著名人の講演なども見ることができるようになってきた。こうした環境や内容が整備されてくると、個人はそれを活用しながら自分のペースで興味やレベルに応じた様々な勉強を進めていくことができるようになる。これはまさに教育がテーラーメイド型になっていくことを意味する。

そうなると、学校で画一的に勉強を教えることはもはや意味がなくなっていくのではないだろうか。一方で、個人の勉強の伴走や様々な相談、そしてオンラインでは教えるのが難しい倫理教育、さらに体験学習が提供できる場としての学校の存在はますます重要になっていくと思われる。

そのような時代になっても、基礎の重要性だけは変わることはないだろう。基礎が欠落すると、将来の選択肢が狭まってしまうからだ。今のカリキュラムの中学校あたりまでの内容の多くは、将来どのような進路をとるにしても重要なものである。さらにはプログラミングやデータ分析なども新たな基礎として今後加えていくべきだろう。この場合、個人任せのオンラインにはせず、基礎部分はある程度強制力を持って理解をチェックしていく必要があり、そのためにも学校といった組織の存在は重要な意義がある。

また、環境や人口問題などの社会課題は様々な要素が複合しており、現在の縦割りの学問体系では太刀打ちできないものばかりである。そこで、それに合わせて学習すべき内容も多様な融合型に変化していくと考えられる。例えば数学と理科、そして体育や音楽までも組み合わせて重要事項を教えていく進化も起こるだろう。

以上、未来はオンライン化が進んで自分のペースで好きな方向に進めるようになり、多様な人が増えていくことが予想される。様々な研究によれば、多様性は社会の持続可能性を高めることが分かっており、未来社会では人類は様々な課題や危機に対して、より上手く対処できるようになっていると期待したい。

4

探究活動から考える未来
――聖心学園中等教育学校での取り組みから

飯野　均（聖心学園中等教育学校教諭）

このたびは、本校の探究活動についてご紹介できる機会をいただきありがとうございます。

私たちは、「豊かな特性と広く深い学識を持ち、世界的視野に立つ心身ともに明るく健康的な紳士・淑女を養成する」という「建学の精神」を、最も基本的な指針として掲げています。この教育方針は時代によって揺らぐものではありませんが、社会が学校に求めるものが、知識の習得（頭）だけではなく、知識の活用、好奇心、協働性、主体性など（心）へと広がっていく中、ますます探究活動の重要性は増しています。特に「答えの無い課題を探究すること」「何でも面白がり、新しい挑戦を楽しむこと」「多様な仲間とうまく協力していくこと」そして「自分と世界の未来を本気で考えること」は、感性の豊かな中高生のうちにその濃密な体験をしているかいないかで、その後の生き方に大きく影響を与えそうに思います。

探究活動は、学校の立地（奈良県橿原市）と学校の体制を最大限に活用して行っています。すぐ近くに明日香村があること、6年完全一貫教育で途切れない連続した活動ができること、少人数制

図1 聖心学園の探究活動

「歴史×地域」を基点に「未来×世界」に目を向けていく

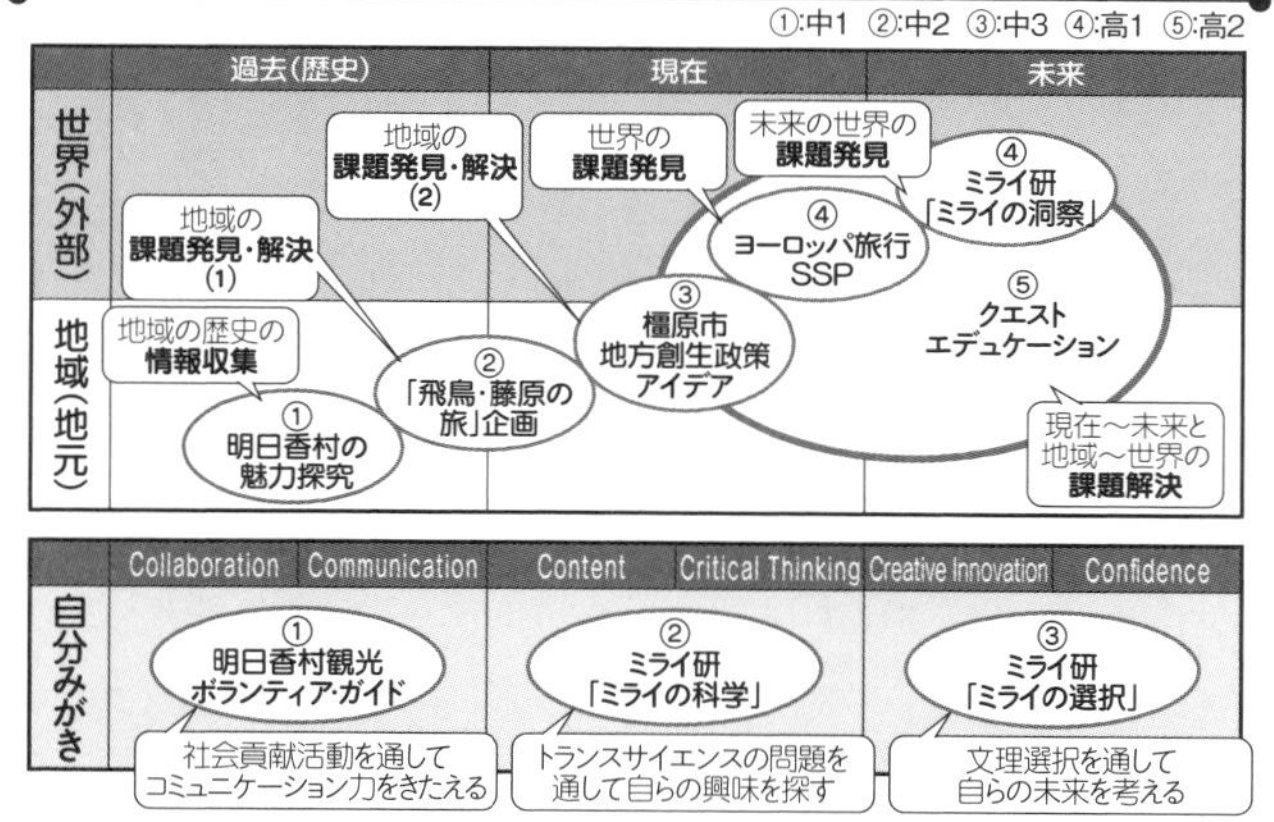

（1クラス20～25人程度）で、生徒一人一人に丁寧なフィードバックをかけられること、等です。

自分と世界の未来を本気で考える

「自分と世界の未来を本気で考える」、このような探究活動の理想とはどのようなものでしょうか。単に世界や未来をテーマにした課題を設定すれば可能そうですが、そこには「自分」も「本気」も含まれていません。リアルの「現在」と「この場所」、過去から現在に至るまでの何が現在のこの地域（日本）を形作ってきたのか、それを（知識だけではなく、アイデンティティと一体になった体験として）知らなければ、その対照である「未来」と「世界」に「本質的な意味での問い」や、種々の判断・アイデアについての「良し悪しの根拠」を持つことができないでしょう。何も根拠を持たない空想の未来を考えることも面白いと思いますが、現在の今自分が立っている場所と地続きにつながった、本当にありそうな実現可能性の高い未来について深く考えることこそが、本当に価値がある活動といえます。

そこで、5年間の探究活動を設計するに当たり、中1では「歴史×地域」を中心とした活動を行い、様々な体験を通して郷土愛や学校周辺の地域への理解を深めたのち、学年が上がるごとに徐々に「未来×世界」に視野が広がっていくように内容を構成しています（図1）。

中1・中2「歴史×地域」

中1では、明日香村関係当局のご協力のもとフィールドワーク、古代住居づくり体験などを通して「明日香村の魅力」について探究し、年度末に明日香村役場への提案発表会を開催します。この年度は情報収集の活動が中心になります。

中2では、明日香村に加え、橿原市、旅行会社、バス会社にもご協力いただき、「飛鳥・藤原の旅」というツアープランを企画提案します。地域の特徴をエビデンスでとらえるために、RESAS（地域経済分析システム）を活用します。生徒の提案は発表会を通して協力旅行会社に披露され、実際に、ツアープランとして商品化を検討された例もあります。

中3「現在×地域」

中3では、「橿原市」をテーマに、市の現状分析、課題発見、解決策アイデアの政策提案をし、最終的に「地方創生政策アイデアコンテスト（内閣府）」に応募します。発表会では橿原市役所の職員に審査員になっていただき、実現可能性が高く、十分な効果が期待できるものを評価します。

高1(1)「現在×世界」

高1では、ヨーロッパへの旅行（2019年度はスペイン）を通してSSP（修学旅行研修）を行い、「地域（日本）」と「世界」との比較の視座を持たせます。旅行中に目に触れたものについて、「地域ではどうだったか」、と教員が問うことによって、探究につながる関心を引き出します。

高1(2)「未来×世界」

高1のもう一つの活動が、未来研究プログラム「ミライの洞察」（河合塾）です。中3までは、「情報収集➡情報分析➡課題発見➡課題解決」という、必然性でつながった線形の思考で探究を進めてきました。ここでは、未来の出来事は本質的に非線形で予測不能なものである、という前提のもと、「未来洞察」という手法で未来を考えていきます。この活動は「創造性が大きな比重を占めている」ことと、「論文的なものではなく、物語をゴールとする」ことが特徴であり、中3までとは質的に大きく異なっています。面接指導担当の教員は、「このプログラムを体験した生徒は、自分自身の体験を物語的に他人にうまく話せるようになる」と語っていました。

高2「現在〜未来×地域〜世界」

探究活動の総仕上げとなる高2では、これまで培ってきた活動の経験を全て活かすことを目指して、クエストエデュケーション（教育と探求社）に参加し、実在の企業からのミッション（課題）に取り組みます。企業のミッションに挑むには、地域～世界という空間軸の視野の広さと、現在～未来という時間軸の視野の広さが大きな武器になります。クエストカップ２０１９全国大会では、本校から出場したチームがグランプリ（優勝）を獲得することができました。

年度末には、１年間の探究活動の成果を学年を超えて互いに発表し合う、「探究学習合同発表会」が開催されます。探究学習を通じて他学年と交流するのは本当に楽しいようで、生徒の顔が一番輝く瞬間です。こうした、活動の成果を認められたり、認めたりする体験をくり返すことにより、答えのない未知の未来に踏み出す勇気が少しずつ醸成されていくように思います。

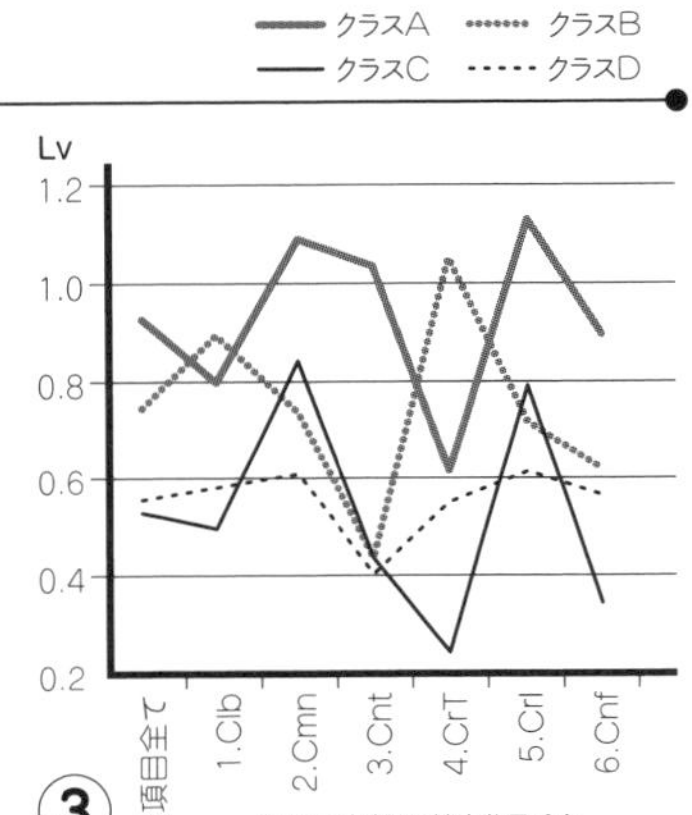

③ 事後と事前の差（成長率）

cation、Content、Critical Thinking、Creative
高度な活動を行うのではなく、まずはCollaboration
る方が理にかなっているようである。

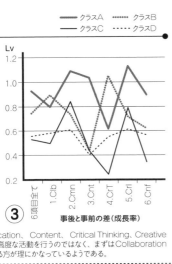

探究活動の課題

探究活動を進めていくにあたって、いくつかの課題も見えてきました。教員側の課題としては、探究活動の「評価」が難しい、ということがあります。探究活動の結果である成果物を評価する、というのは一つの方法であ

図2 6Csによる生徒の自己評価の結果

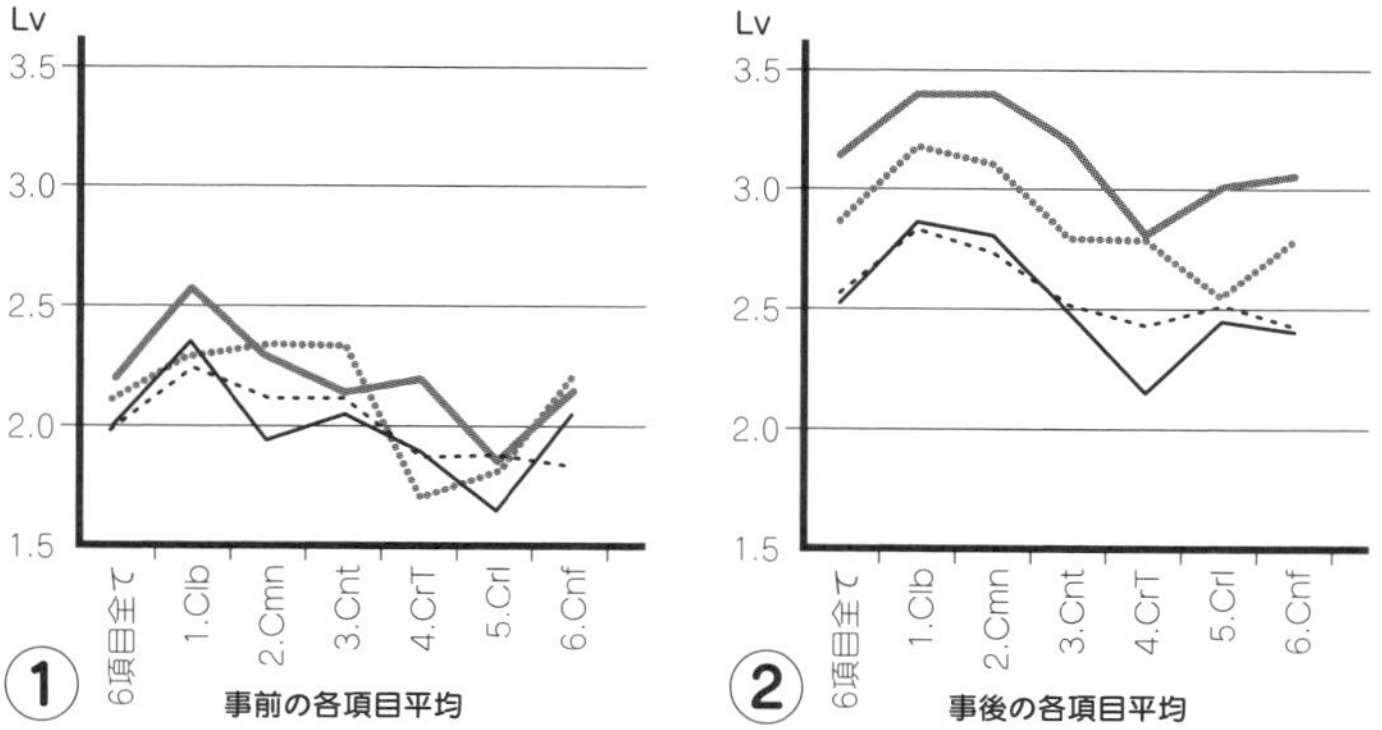

※6Csでは、人が学ぶもの（身につけていくもの）には順番がある、としている。Collaboration、Communi
Innovation、Confidenceの順だが、はじめからContent（知識）やCritical Thinking（批判的思考）を扱う
（協働）の楽しさを体験すること、安心して意見交換できる人間関係をつくること、などを目的とした活動をや

り、実際に行っていますが、それだけでは好奇心、協働性、主体性など（心）の探究活動での育成を目指しているものを十分に評価できません。

生徒側の課題としては、生徒によって探究活動に対するやる気の濃淡が大きい、ということがあります。探究活動は外発的動機（強制や成績の評定など）によってではなく、内発的動機（好奇心や意欲など）によってでなければ活動として成立しない要素が多く、「やらされている」「本当はやりたくない」と思って活動している生徒にとっては、価値ある体験どころか、無意味で苦痛な時間にしかならない、ということになりかねません。

これらの解決法として、6Csを用いた聖心学園オリジナルの評価体系を作ることを試みています。6Csに個々の探究活動の具体的な目標と育成方法が設定された上で、生徒の「心」の成長が可視化できれば、「活動内容（カリキュラム）」「教員の指導方法」「生徒の成長」の各レイヤーで、改善のサイクル（PDCA）が回っていくのでは、と考えています。

試行として一部の探究活動において、生徒に探究活動の前後で6Csによる自己評価を行わせてみました（図2）。活動が自身の「心」の成長にとってどのような意味があったのか、ふり返ってもらうことを意図しています。クラス全体での統計をとってみると、クラス毎に特徴が出るのが面白いです。その理由を推測することで、次の探究活動の設計に活かせるかもしれません。

「未来」という文脈なしに語れない

締めとして、未来と学び・教育に関して、私の個人的な考えを述べて終わりとします。

学校には様々な教科がありますが、それらは全て生徒の「未来」のためにある、という意味で、いずれの教科も本来は「未来」という文脈なしには語れないはずではないでしょうか。そこで、様々な教科の様々な知識について、「未来」との関連を考える、ということがなされたら素晴らしいと思います。

例えば、「未来」という視点を導入すると、各教科の「教科書」がどのように変わるか、生徒とともに考えてみたいです。私の担当する生物や化学であれば、「科学史」に沿って章立てします。そのことによって、今の教科書には無い、「物語性（発見や研究の背景）」「人類史（発見や研究が

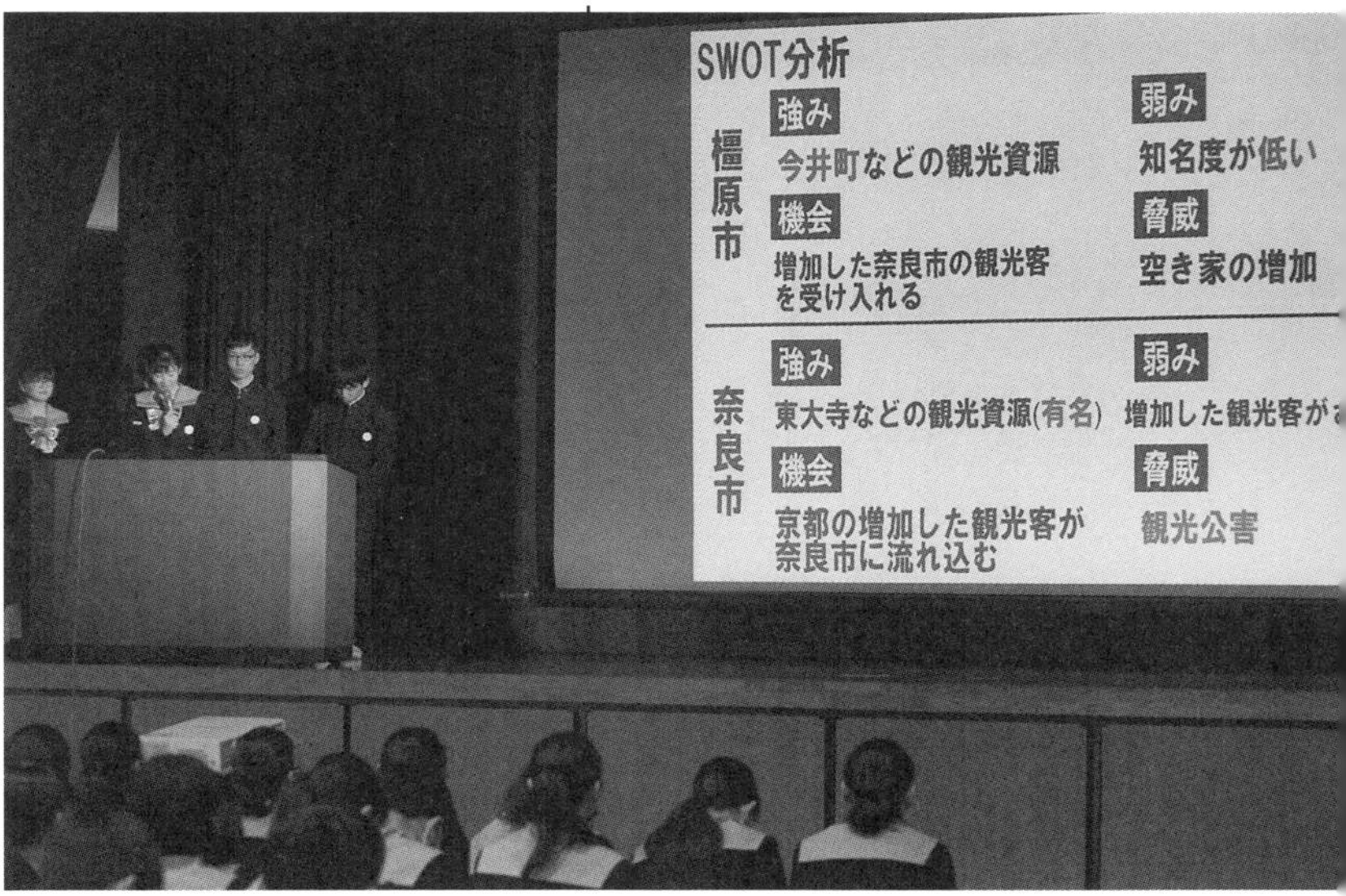

当時の社会へ与えた影響)」「科学へのメタ視点（科学の進歩は漸進的であり、現時点の知識は絶対ではないこと、など）」など非常に豊かなものを加えることができそうです。最後の章は、未来の教科書の内容を想像で考えます。そのことにより、未来は自分たちで作っていくものなんだ、というワクワク感を感じてほしいと思います。

ただし、今の学校教育の仕組みを変えることは容易にはできないでしょう。しかし、幸いに探究活動という自由な枠があるので、せめてそこは、「生徒が本当に学びたいものを学べる」時間にしなければならないように思います。また、「学びたいものを見つける」ためには、「未来」という視点は欠かせないでしょう。

5

「未来」の修学旅行を展望する
――「未来の修学旅行」の取り組みから

米田 謙三（関西学院千里国際中等部・高等部教諭）

修学旅行の起源は？

そもそも修学旅行は、１８８６（明治19）年に東京師範学校が行った、11日間の「長途遠足」が起源と言われている。１８９６年には長崎商業学校が、上海への海外修学旅行を行っている。１９４０（昭和15）年には文部省より修学旅行制限の通牒があったが、戦後すぐの１９４６年にはすぐに復活した。その後、新幹線や飛行機の利用など交通機関の発達により、旅行範囲も日本中、そして世界中へと広がった。また、風光明媚な場所を訪れることに加え、戦争体験者の話を聞く、企業訪問を行う、一部では生徒が修学旅行を企画するなど「修学」面での充実度が増している。

そんな中で、今回展望したのが「修学旅行の未来」である。２０１９年度に、複数の先端科学の学びを提供したいと考えている民間企業と協力し、15人の生徒が研修旅行（フィールドスタディ）を企画、実行した。テーマは「宇宙×先端技術×ＳＤＧｓ」である。先端技術に触れ、関わる大人のキャリアを学び、社会課題の解決の糸口は生徒自身が見つけることを目的とした。

生徒の探究心を何よりも大切に

まず、本校の総合探究科ではどんな学びを行っているか、紹介したい。一言でいえば、「広がる学びのフィールド「知的好奇心からレジリエンスに富むグローバルリーダーの育成」」をテーマに、「なぜ?」から始まる生徒の探究心を、何よりも大切にする学びを実施している。

本校の総合探究科の高等部3年間、および参考までに中等部3年間の流れは以下のとおりである。

学年	実施時期	実施内容
G7（中1）	年間活動	自分の好きなものを徹底的に調査研究し、論文作成の基礎を学ぶ。
G8（中2）	1学期 3学期	作成した論文のプレゼンテーションの方法（TED方式など）を学ぶ。 SDGs――世界の課題を学び、校内でできることを考案し、方法を模索する。
G9（中3）	年間活動	課題研究――学年旅行でフィールドスタディ（FS）を行う。経験から疑問を掘り起こす。（FS：自分たちで予算内で行先やテーマを考える。）
G10（高1）	年間活動	〔「知の探究」の概要〕週1単位 ・知の哲学――学問するとはどういうことか、物の見方を学ぶ。 ・科学的分析――仮説の立て方、分析・検証の仕方を学ぶ。 ・インタビュー――校外でインタビュー。調査結果を分析する

G11（高2）	1学期・夏休み	・自分のテーマに基づくリサーチ（個人で調査・研究）週3単位 ・フィールドスタディ――FS：テーマに関して校外の企業や機関を個人やグループで訪問。
	2学期・3学期	・リサーチデザイン――自分の興味を更に繰り下げ、先行研究を行い、RQと研究計画を立て、学年末にポスタープレゼンを行う。
G12（高3）	2学期 3学期	・課題研究　・卒業プロジェクト――他教科や活動に応用する。 ・以降、個人で研究を継続　発表

※Gは「グレード」を表す。

今回紹介するSDGs「未来の修学旅行」の取り組みは、グレード11のフィールドスタディの一つということになる。その目標は、本学の理念「知識と思いやりを持ち、創造力を駆使して世界に貢献する個人」である。フィールドスタディ前に実施する「SDGsリサーチ・コミュニティ」という活動は、SOIS（学園の略称）リサーチャー（生徒たちの呼称）で構成され、研究・論文作成を通して、クラスメイトと共に成長し、地域社会・グローバル社会に貢献することを目指した。

またフィールドスタディ前には、基本的な内容や訪問先について理解するリサーチを行い、実施後には、リフレクションやディスカッションを行う。そうして、それぞれ、自分自身のリサーチデザインに向けた準備を行う。本校では、高校からは完全にBYOD（＝Bring your own device）環境下で授業・課外活動を行っているため、Google Driveなどを利用して情報を共有し、課題を提出する。

以下は、実際の3日間のSDGsフィールドスタディの行程である。

日	スケジュール
1日目	・移動（新大阪↓東京）――新幹線車内でクラウドを活用した情報交換。
	（午後の部） ・企業訪問①――シスコシステムズ合同会社 ・企業訪問②――株式会社ディー・エヌ・エー
	（夜の部） ・講演会（スピーカー：非公開、「宇宙に関する仕事とキャリアの作り方について」）
2日目	（午前の部） ・企業訪問③　100banch（渋谷） ・企業訪問④　公益財団法人ユネスコ・アジア文化センター（ACCU）
	（午後の部） ・ワークショップ① 衛星データ×SDGs　衛星画像分析・デザイン思考×システム思考ワークショップ
	（夜の部） 生徒による情報共有リフレクションミーティング

3日目	（午前の部） ・ワークショップ② 月面探査車（ローバー）を遠隔操作するプログラム訓練 （午後の部） ・企業訪問⑤　非公開 ・移動（東京駅→新大阪駅）（車内：フィールドスタディ最後のまとめ）

●「未来」へとつながる3つのポイント

このフィールドスタディを、企業の方々と連携し、設計及び実施する上で注力した3つのポイントがある。

1つ目は「答えのない未来の問題」に挑戦することである。「宇宙」というテーマを設定したことがその象徴である。未来について考えることに正解はなく、答えがないからこそ、自身の価値観や判断基準をもとに意見をつくり、発信することが大切である。そうした思考・分析をもとに他者との違いを認識し、より望ましい（ベターな）未来について、大人と子どもの垣根を超えて語りあう機会を作ること。また、生徒同士が学校とは違う環境で得た刺激を即座に言語化するために、訪問後は感想を共有する時間を設定した。

2つ目は、生徒が自分の好奇心、探究心を刺激しアクションへつなげる手助けを行うことである。実際に訪問して最先端の技術やシステムに触れること、ワークショップで体感するなど具体的かつ自分ごととして捉えやすい内容となるよう、協力企業の方々とディスカッションしながら組み立てた。企業側も積極的に内容をアレンジした。ある企業では、日本支社の社長が自らプレゼンテーションを行ったこと。さらに、生徒が親しみやすいよう系列校出身の社員が仕事内容やキャリアについてお話くださったことがあった。

3つ目は学校で行われる教科授業、キャリア教育や探究活動と連動させることである。企業との連携により先端的な活動を企画する際、内容の魅力に引っ張られてしまい、身の回りの先生への配慮に欠けてしまうことがある。

そのため、先生方とは、日々の教科授業の内容や探究活動、生徒のキャリアとのつながりについて議論し、積極的に関係付けてもらうよう、事前に協議を行うことは欠かせない。また、フィールドワークに積極的に関わってもらうことで、参加した先生が新しい発見を手にするという副産物がある。実際に、今回のフィールドワークに参加した体育教員は、刺激的な訪問先に未来の可能性を感じたようだった。

また、生徒は訪問先での様々な分野での実践講師による講義や講師のこれまでの経験などから、自分のＳＤＧｓに関するテーマとは違う内容だったと思っていたことが実はつながっているという気づきを得るよう、教員からの働きかけをお願いした。さらに、フィールドスタディを通じて、

「今後の自分の進路設計」および「自分の探究分野を深める」などを進める際のノウハウを、ともに進めながら共有し、生徒自身の将来とのつながりも作るように工夫を行った。

●生徒の声

では、実際に参加した生徒はどのような学びの成果があったのだろうか。いくつかの感想を共有したい。なお、今回は、宇宙や先端技術という理系寄りの内容であったが、参加した生徒の大半は文系の生徒だった。

- ・現代社会の成り立ちを理解するための幅広い知識と深い洞察力（人文科学の幅広い知識やそれを用いて現代社会を深く理解する力）が身に付いた。
- ・「現代社会を生きる市民」としての意識と責任感（社会の課題・多様性・相互依存関係を認識し、市民として社会に積極的に参加する意欲や責任感）が身に付いた。
- ・BYODや貸し出しされるデバイスやデジタル教材などで理解を深めることができた。また、ICTのリテラシーをかなり身につけることができた。いろいろなリソースを活用した、自由な学びができた。

最後に、時代の変化に対応して、変えていくべきこと、変わらずに残していくこと、まずは自分を見つめることから始まり、他者との対話を通して行動につなげるという一連の流れを学習に取り入れることが大切だと多くの先生方は考えていると思う。そのような活動を行うにあたって修学旅行という機会は、時代の変化を取り入れる場として活用できる可能性がまだまだある。また、旅行を企画する中で、教員自身が周囲の協力を取り付けながら、社会との接点を持ち、変化に敏感になれる機会となるだろう。ただし、今回ご紹介させていただいた事例は少人数だから実施できた点もあり、実際の大規模な修学旅行に展開するには、オペレーション面での多大な努力が必要となってくる。その一方で、Afterコロナの修学旅行は小規模グループでの移動が主流になる可能性もあるため、即座に今回の試行が参考になる学校もあるだろう。

多くの方々の参考になることを願う一方で、この事例をいかに活用できるかは、それぞれの学校の特性や教員間、学習者との関係性により、大きく違ってくることも当然だと思う。今後は学校の状況や特性別に、様々な取り組みをライブラリー化させることも考えていきたい。

6

「未来」の学校行事を展望する

――「未来の運動会」の取り組みから

中川　隆義（株式会社みずほ銀行名古屋中央法人部長）

「ドローンは、やっぱり飛ばしてナンボ。それで墜落させたら、楽しそうだよね！」

いたずらっ子のような一言から、その競技は生まれました。さすがにドローンを撃ち落す訳にはいかないので、「ドローンに、トイレットペーパーをテープで貼って、蛇の尻尾のように長く垂らして、それを玉入れのタマで狙い、トイレットペーパーを早く千切ったチームが勝ち」という競技にルール化しました。トライアルの練習で首尾良くいったものの、実際に競技でやってみたら、トイレットペーパーが千切れずに、ドローンもろとも墜落してしまったのです……。これには、持ち主が真っ青。気を取り直して、参加者で考え直して、その場でテープの貼り方を工夫して、千切れるときに負荷が掛からないようにして、トイレットペーパーを更に長くして……。墜落したときの安全性を確保するために、タマを投げる場所の距離を離して、さぁ、もう一度。

これは、「未来の渋谷の運動会」の運動会中のワンシーンです。

私が「未来の運動会」と出会ったのは、２０１７年（「未来の運動会」は２０１４年に一般社団法人運動会協会[1]によって開発されました）のことです。当時は、みずほフィナンシャルグループとして外部メンバーとコンソーシアムを立ち上げ、「スポーツ共創（＝スポーツを共に創る）」という新しい軸が、スポーツ人口の裾野拡大という我が国の大義に貢献できるのではないかという仮説の

下で官民連携の取組み（スポーツ庁からの委託事業である「スポーツ人口拡大に向けた官民連携プロジェクト・新たなスポーツの開発[2]」）をスタートさせたタイミングでした。

後述いたしますが、このスポーツ共創の概念が、スポーツの楽しみだけではなく「教育的価値」をも包含していることに気付くまでに、それほどの時間は掛かりませんでした。本稿では、①「未来の運動会」が持つ「教育的価値」を学校現場に於いてどのような活用方法があるのか、そして、②教育現場が企業と連携することで広がる可能性、について、私の考えるところをお示ししたいと思います。

「未来の運動会」とは？

まずは、未来の運動会とは何か？　その「未来」たるゆえんなど、ご説明したいと思います。一言で言えば、種目を自分たちで創ってみる運動会です。いわゆる通常の運動会では、種目は既に常識的に認識されているもの（綱引きや玉入れとか徒競走など……）。しかし、未来の運動会では、既存の道具に加えて、場合によってはVRやドローンやスマートフォン（センサー）等といった新しい道具なども使いながら、種目をみんな（通常は30～40名程度）で創るところから始まります。今風にいえば、「スポーツハッカソン」です。参加する全員が初体験の種目を創って、みんなで楽しむ。「予測可能」な社会から「予測不可能」な社会へ変わる、そんな時代にまさにピッタリで、私は、そこに「未来志向性」を見出しております。

未来の運動会では、1日か2日をかけて、まずは競技創りを行います。ふせん紙で何百といったアイデア出しを行い、類似するアイデアを4～5チームほどに括り、チームアップし、さらにアイデアを競技ルールまで具体化させていく。と同時に、実際に自分たちで身体を動かしながら、やってみるのです。楽しいか？　安全か？　子どもでも楽しめるか？　高齢者でもできるか？　など。

そして、もう一つのキーワードは、限られた時間の中で競技完成までの作業を終える必要がある、ということです。ハッカソンの後（たいていは3日目）には、約100名を超える（場合によっては200名にも。ここには未就学児の子どもから高齢者を含む大人まで老若男女が幅広く）参加者により、創った競技種目（具体的な種目例は、末尾参照URLに譲ることとします）で実際に運動会を開催します。当たり前ですが、競技が完成しなければ運動会の種目には組み込めないのです。

ハッカソンにおいては、時間との戦いというプレッシャーも楽しむことになります。「初めて会う人たちと、初めての種目を新しく考えて、限定された時間の中で創り上げる」ぜひ、頭で想像してみてください。自分はああしたい、こうしたいと思っていることを言葉にして伝えないと自分の思うようにはならないし、逆に主張しすぎても纏まらない。初めての競技なので、どうやったら面白くて安全に誰もが楽しめるか、周りの人と一緒に相当のコミュニケーションを取ることが重要になります。つまり、チームでのハッカソンを上手く進めるには、創造力、主張力、主体性、協調性などが問われる。これらの要素が、教育的価値として認められる事については、これ以上の説明は必要ないでしょう。

また、１００名を超える当日の競技中においても、時折（実は結構頻繁に！）発生するちょっとした障害を、その場で安全面などを考慮してルールを修正するなど、競技をしながら、みんなで考えるのです。こういった場に、未就学児の子どもから大人までが楽しみながら参加する、気になったことは、子どもからでも発案されてくる、なんとも希有な場が成立するのです。さらに、高校生を中心的参加者として考えるのであれば、ハッカソンにおいて、ちょっとした最新テクノロジーデバイスに触れることで（ＳＴＥＡＭ教育に繋がるかもしれない）貴重な刺激を得られる経験となるだろうし、老若男女１００名以上が参加する運動会開催当日のチームリーダー的な役割を与えてみることも、チャレンジングな経験になると思われます。

実際に、２０１９年2月に渋谷で開催した「未来の渋谷の運動会」[3]の中では、スポーツを創り、新しく生まれたばかりの誰もが初めての種目を皆で楽しみながら進行させる上で、参加者の主体性の発揮が必要とされている事を実感しました。例えば、そういう場を、教員がファシリテーションをしながら生徒を参加者として、または、高校生自身がファシリテーションする形で取り組むよう応用することも十分に可能であると考えます。学校現場で開催される運動会が、学校関係者のみならず、広く社会のステークホルダーを巻き込んだ取り組みの行事となり、そこで高校生が中心となる役割が与えられるのであれば、まさしく、生徒と社会との接続を体験できる機会と言えるでしょう。むしろ、今日の高校生たち自身が、そういう機会を喜んで希望しているのではないでしょうか。

●「体育を変えることから教育を変えていきたい」

この教育的価値に着目してつながっている取組みがあります。お茶の水女子大学附属小学校の体育教諭が始めた「未来の体育を構想するプロジェクト」[4]です。そこには、全国の小中高校の体育教員を中心に、「体育を変えることから教育を変えていきたい」という想いを持つメンバーが集い、さらに企業なども加わり、未来の運動会などのスポーツ共創を題材にして相互に情報交換を行い、ネットワーク化を始めています。ちなみに、今年1月に開催した「未来の体育共創サミット2020」では、全国から約200名の参加者が集うなど、関心の高まりも確実に認められます。本稿をお読みいただき、少しでもご興味をお持ちいただけた先生の皆さんにも、是非覗いてみて頂ければ幸甚です。

私は、みずほ銀行として、渋谷区行政と連携してマチづくりに参画（2018年9月にシブヤ・

ソーシャル・アクション・パートナー協定（＝マチづくりに関する協定）を締結[5]しておりました。新しいマチづくりの在り方、地域活性化の在り方、本格的な公民連携の在り方、そして、その中における企業の役割を見出そうとしてきました。「未来の運動会」の取り組みは、そういった中における一つの具体的なアプローチです。

地元の学校や町内会のみならず、地元の行政や企業ともつながり、そこに、みずほ銀行のネットワーク（みずほ銀行は、全国で約80万社との企業取引を持ち、例えば１つの支店でも１００社を超える地元取引先企業とお付き合いしている場合もあるなど、多様なネットワークを持っています！）でさらに企業を連携させる。従来の運動会的な視点で言えば、ある意味で学校現場に閉じて行われる運動会が、企業と連携することで、マチづくりや、新しい道具としてのテクノロジーを活用したスポーツ共創、スポーツ共創における新しい教育的価値などへ拡張していると言えるのではないでしょうか。

●学校と企業が一緒になって社会課題に取り組むために

学校の先生が企業と組んでできる事があります。また、企業側にもそういう意向がどんどん生まれてきています。昨今声高に言われている「社会課題解決の重要性」が正しくそれです。この社会課題の解決に主体的に取り組むために、多くの企業でできる事があります。公共性の高い金融機関であるみずほ銀行は勿論、多くの企業ができる事、実際に「未来の渋谷の運動会」を企画開催する取組みでも強く実感しました。私は教育専門家ではありませんが、「教育」という社会課題に向き合うステークホルダーとして、学校と企業の連携の門戸は開かれている、と考えております。企業が持つネットワークを活用することが、学校教育現場におけるリソース不足の補完にも成り得ると思います。一方、学校の校庭や体育館といった施設がファシリティとして大きな価値を持ち、それが学校の強みである点についても強調しておきたいと思います。

今回のWith/Afterコロナ時代において、「未来の運動会」の取り組みは、変化する教育・教育現場の在り方、教育に求められる要素、それらを考える上でも一つの材料になると考えます。何よりも多様なステークホルダーの連携が求められる時代、一見教育とは縁遠い企業と、教育現場が連携することで従来とは違うスケールアップが期待できるとも言えましょう。また、企業が伝統的な資本主義価値の中で、ややもすれば短期的なビジネスに捕らわれがちな環境の中で人材育成をどうやっていくか、学校教育のように中長期目線での取り組みが必要とされる教育現場と関わり合いを持つことによって、社会課題と向き合う貴重な機会となるという意味で、大企業にとっても非常に意義深いことだと考えているのです。

私にとって「未来の運動会」は、渋谷からの付き合いですが、すでに東京／山口／大阪／福岡……と全国に拡がりを見せております。昨年赴任した名古屋でも、教育現場も含めた多様なステークホルダーとつながって「未来の運動会」を開催させたいと画策しております。

【注】

1　一般社団法人運動会協会
国内年間7万回が自主開催され300万人以上が参加する日本文化である運動会。この文化に興味を持ち過去、現在、未来の観点で研究や実践している人があつまり互助的に運営している法人。https://www.undokai.or.jp/

2　スポーツ共創／スポーツ庁委託事業／スポつく（高校の先生、高校生の参加大歓迎。）
自分たちにあったスポーツを自分たちでつくることをスポーツ共創と呼ぶ。2017年から3年間、みずほ情報総研、みずほ銀行、産総研、超人スポーツ協会、運動会協会、慶応大学、早稲田大学などがあつまりスポーツ人口拡大を目指しスポーツ庁と官民連携でのプロジェクトとして実施。その成果の一つとしてスポーツ共創専門WEBサイト「スポつく」がある。本文にある「未来の渋谷の運動会」もその成果であり、鈴木大地長官、長谷部渋谷区長も参加した。
https://www.mext.go.jp/sports/b_menu/sports/mcatetop05/list/detail/1415532.htm　https://spotsuku.jp

3　未来の渋谷の運動会
2018年～2019年にかけて開催された「未来の渋谷の運動会」の様子
https://sites.google.com/view/sasahatahatsu/　https://undokaishibuya.com/

4　未来の体育を構想するプロジェクト
多様な人々（学校・企業・民間団体等）が互いの違いを生かしたネットワークを構築しながら、これまでの体育を問い直し、「未来の体育」を共創する一般社団法人。https://future-pe.org/

5　シブヤ・ソーシャル・アクション・パートナー協定
渋谷区が、区内に拠点を置く企業や大学等と協働して地域の社会的課題を解決していくために締結する公民連携制度。
https://www.mizuhobank.co.jp/release/pdf/20170922release_jp.pdf
https://www.city.shibuya.tokyo.jp/kusei/shisaku/ssap/index.html

column 4

未来の入試――競争から共創へ――

白水　始（国立教育政策研究所初等中等教育研究部総括研究官）

入試は「入る試験」と書くぐらいだから、入りたい人の数が定員をオーバーしていることが前提になっている。はるか未来には、子どもの数も減って、大人も子どもの希望と社会の期待に添って自らの職業を柔軟に変えるようになっていれば（例えば「○○大学」の教員として働くのではなく、「△△大学群」として採用され毎年所属を変えるなど）、入試は不要になる。しかし、この路線には2つの問題がある。一つは子どもが自分のやりたいことを必ずしもよくわかっているわけではない点（希望が添うほどのものではない点）、もう一つは大学が学生にどう育っていってもらえるかを自覚していない点である。だから、将来的にもAI（パーソナルエージェント）を媒介とした受験生と大学の理想的なマッチングといった怪しげなサービスは数多出るだろうが、人の成長につながる可能性は低い。

もう一つのシナリオは、入試がくじ引きになるという可能性だ。昔、東洋（あずまひろし）という稀有な教育学者が「東大入試もくじ引きでよいのでは？」と書いていたが、その心は、環境に人を成長させる力があるのなら、誰が入ったとしても大学の学習環境で成長させればよいだろうということだと思う。私の専門分野である学習科学から見ても、この提案は真っ当である。なぜなら、人は個人で学ぶよりも他者と学んだ方が学習効果も上がるため、「仲間と学ぶ学習環境」をデザインするところに社会の労力をかける方がコスパもよいからである。

問題は「競争がなくなれば子どもが学ばなくなる」という心配だろう。しかし、本当にそうなのか？　子どもを見ていると、誰が先に答えを出せるかを競っているときよりも、仲間と共に答えを創りあげているときの方が楽しそうだし、実際学んでもいる。競争より共創である。未来の入試が消えているか、今の入試からかけ離れたものになっているかが、私たちの社会が競争から共創へと変革できたかの指標になるだろう。

7

未来につなげる「合格後」の学び

——香蘭女学校での取り組みから

船越　日出映（香蘭女学校中等科・高等科教頭）

本校は、1888（明治21）年に英国国教会の伝道によって創立されたミッション系の中高一貫の女子校です。キリスト教、なかでも日本聖公会に属し、同じ宗派に属する立教大学や聖路加国際大学に指定校推薦で進学可能です。立教大学へは、今年度の高3生から推薦枠が97名（1学年160名前後での約60%相当）に増員されました。

●早々に進路決定した生徒たちへどう指導するか

さて、各校では指定校推薦、AO入試等で内定もしくは合格した生徒達の学習等に対して独自の工夫をされていると思います。それは「これから進路決定に向かう生徒たちの進路指導を3月上旬まで支えながら、すでに進路の決定している生徒たちと一つの学年として成立させる。教室の中で共存しながら、6年間（3年間）の積み重ねた生徒同士の関係性をさらに発展させて卒業させる」というテーマに対して各校なりの苦労があるからだと推察します。それは本校もまったく同様です。

特に本校では立教大学関係校推薦の校内内定が7月ですから、推薦内定が決まった生徒たち（以下、高3内定者）には3月の卒業まで約8か月という長大な時間が待ち受けていることになり、学校側としても大きな課題となります。「内定おめでとう。後は自分で頑張って」では、高3内定者の人数の多さと卒業までの時間的長さから考えても、前述のテーマが容易には成立しないであろうことは想像に難くありません。

さて、この課題への本校での取り組みは、多様なプログラムの束として構成された「特別プログラム」があり、すでに10年以上実績を積み重ねています。しかし、立教大学推薦の人数枠が35名から97名へと段階的に増加する中で「特別プログラム」に対して求められる意味や役割等も変化してきました。私が教務部長を預かったときに、諸々の問題点を5つに整理し、実施可能な形に落とし込んで「特別プログラム」を再構成しました。

(1)高等科3年生としての卒業まで約8か月間、推薦が内定した彼女たちの学校生活や学びに向かうモチベーションをどのようにしたら持続できるか。
(2)この8か月を大学で学び、さらには社会へ巣立つ助走期間として機能させることはできないか、またそのために必要な要素は何か。
(3)特別プログラム内容を充実させ、高3内定者の受講後の満足度を上げるためにはどうしたらよいか。

(4)高3の担任や教科担当者の高3内定者への指導の負担を軽減し、一般受験を目指す生徒の進路指導に力を注げるようにするためにはどのようにしたらよいか（これまでは高3の担任が特別プログラムを実質的に運営し、通常授業以外にも講座を担当していた）。
(5)高3の学年担任や教務部長が交代しても、アップデートしながら特別プログラムの運営が持続的にできるためにはどうしたらよいか。

(4)、(5)は組織の建て付けやマネジメント、人材育成とリンクしますので、ここでは(1)〜(3)にスポットを当てたいと思います。

(1)〜(3)の条件、特に(1)が成立する唯一のポイントは「生徒が本気になる」ことです。生徒が本気になる条件とは経験的に、①未知の世界を垣間見ることができること、②自分の持つ概念との齟齬に気付いたり転換が起こったりすること、③つま先立ちすれば指先が触れるくらいの課題感であること、④期限が設定されていること、⑤役に立つと実感できること、だと考えています。

「特別プログラム」はこの①〜⑤のファクターを組み合わせ、表のような6つのプログラムで構成しています。構成にあたっては、校内リソースや強みを洗い出して基に据え、必要な要素が校内にないと判断したときには、外部へのアウトソーシングや校外とのコラボレーションを模索しました。紙幅の関係上、実際の「特別プログラム」で実施しているプログラムの6つのうち、3つの概要を紹介いたします。

A	中等科学習会アシスタント
B	RSLセンターとのギャップイヤープログラム
C	ジブン・ミライ探究プログラム
D	TOEIC対策特別講座
E	校外活動（ボランティア・企業研究）
F	講演会（社会問題・女性のライフデザイン・社会で働く女性）

A　中等科学習会アシスタント（中等科生の英語と数学の学習フォローアップ）

7月下旬の1週間、2学期と3学期で構成を変えています。7月下旬の学習会は、中等科生全員参加が原則ですから、高3内定者1人あたり中等科生6人程度を担当し、学習アドバイスや質問対応をします。高3内定者には、教わる中等科生自身が分からないところを明確にして高3内定者に質問できるようにしてあげて欲しいということを明示し、具体的にどのようにするかということを簡単にロールプレイなどで例示します。毎回、教える時に立ち現れる問題を高3内定者どうしで共

有し、仲間からアイデアをもらって教え方を改善していきます。高3内定者にとっては、教える者は学ぶ者以上に学ばなくてはならないことや、聞く力と伝える力を必要とするリーダーシップ経験をすることを通して、「人を育てる」体験をしていきます。

B　RSLセンターとのギャップイヤープログラム（立教大学との高大連携）

立教サービスラーニングセンターに校外活動の一部を担ってもらう、全4日間の集中プログラムです。入学する生徒と迎える大学の先生や学生の間でコミュニケーションを取りながら、高校と大学の間にある違いを知り、それを乗り越えていくプログラムです。この中では「大学生」から一歩進んで「立教生」になるための意識形成と自分なりの大学生活4年間のデザインをはじめることに主眼を置いています。

具体的には、立教大学のチャプレン（学校付きの牧師）による「立教大学コミュニティーの成り立ちと神学」（自校史教育）、教職課程の教授による「大学生のまなび」「大学生とキャリアデザインとは」「シチズンシップを考える」などを展開します。

C　ジブン・ミライ探究プログラム（河合塾・ライフサカス）

河合塾のミライ研とライフサカスの力を借りて展開しているプログラムです。ミライ研のプログラムは年度ごとに進化し、現在では「ミライの選択」「ミライの洞察」「ミライの科学」の3つを実施しています。特に「ミライの洞察」は図書館と連動して展開するため、これから大学に進学したときに文献とどう向き合うかの基本イメージを持つことができるため、全員必修としています。

ライフサカスの「私を生きる、いまそして未来」は、企業研修等で用いられている手法を用いて、自己開示や自分の人生設計に関する考え方を互いのコミュニケーションを通して形成していきます。

「特別プログラム」を受講した高3内定者の記述式アンケートからは、把握がクリアであったり、別の方向から考えたりするように変化していることが分かります。そうなれば自分とは異なる考えが成り立ちうることは容易に理解でき、他者との間にある違いを受け入れることができる素地ができます。

学校は「未来」に向けたハブ

以上、進路が早めに決まった生徒たちへの指導について紹介してきました。この時期を無駄にすることはできません。この目標を失いがちな時期こそ、未来に向けて生徒たちが様々に、自由に考えを巡らせられるチャンスではないでしょうか。

さて、話は少しそれますが、新型コロナウイルス感染症の感染拡大に伴う休校期間中に、度々考えていたことがあります。それは、学校でのＩＣＴ活用についてです。

本校は、オンライン授業や遠隔での会議を新年度の早い段階から実施し、その経験から分かったことがあります。インターネットによって常時接続された状態が当たり前になると、誰でも知識（玉石混交ではありますが……）や情報にアクセスでき、簡便に情報の受送信が可能です。その一方で、先人の知と対話する読書、自分と対話し考えを深める時間、自分に戻る時間が減少したのではないでしょうか。１人の時間は自分を大人へと成長させ、みんなと共有する時間は自分を子どもへと回帰させます。この往復運動は思春期の生徒たちだけではなく、大人にとっても大切ですが、ＩＣＴの発達と進化によって、ここが阻害されているのかもしれません。

そのことを前提に未来の学校では、この往復運動を機能させる「個々に学び方をカスタマイズする」ことと「集まることでしかできないことをする」を軸に、選択と集中を進めることが有効なのではないでしょうか。前者は従来型の学習とＩＣＴ活用をブレンドすることで、後者は授業だけでなく学校行事や部活動も含めて「特別プログラム」に組み込まれている要素を発展させたり、従来の活動をプロジェクト学習に組み替えたりしていくことで変えることができる可能性があります。後者を動かすためには、今の学校のリソースだけでは足りず、一度社会に出た様々な世代の卒業生たちが自分の持つスキルを母校に持ち寄って教え、思春期の生徒たちと学び合うことが力になります。卒業生にとっては、多感な時期を過ごした学校での体験を再発見できるというメリットもあります。

学校という場は、未来に向けて学ぶために集う人たちをつなぐ、ハブとしての機能を期待したいと思います。未来の学校も、大きな土地と建物という集うことができる「場所」があり、そこで人との出会いと協働するという「仕組み」を備えていると考えられるからです。将来的にはこの「場所」が固定されている必要はなくなるかもしれませんが、学校という存在自体は不要になりません。

そして、「人生100年時代」を生きている私たちは、生涯学んでいくことを楽しめる時代に生きています。「特別プログラム」は眼前の生徒たちのためのものですが、この再構成を通して、時々、未来の学校の一面を夢想しています。

8

受験に「未来」は効くのか
――2万人のアセスメント集計データを考察する

山口　大輔（学校法人河合塾アセスメント事業推進部）

私の高校生の時の夢は、数学の教員になりハンドボール部の顧問に就くことだった。自分なりの未来を思い描いていたほうだとは思うが、残念ながら第一志望の大学に合格はできなかったし、当時の夢は叶っていない。本稿のタイトルである「受験に効く」が、「第一志望に合格する」ということならば、私には効き目はなかったことになる。

しかし私は、思い描いた未来があったことで、文理選択や学部選択は納得して決断し、受験結果も受け入れ、大学生活に不満はなかった。つまり「受験に効く＝納得いく大学進学と充実した大学生活」であるなら、「未来」は大いに効くのではないかと思う。筆者のストーリーはここまでにして、本稿ではアセスメントの結果から見えてきたことを報告したい。

〝変化の時代〟に求められるチカラを客観的に測定

生徒たちの進路に関わる興味・関心を広げ、〝変化の時代〟に求められるチカラを客観的に測定

図1　氷山モデルによる測定項目のイメージ

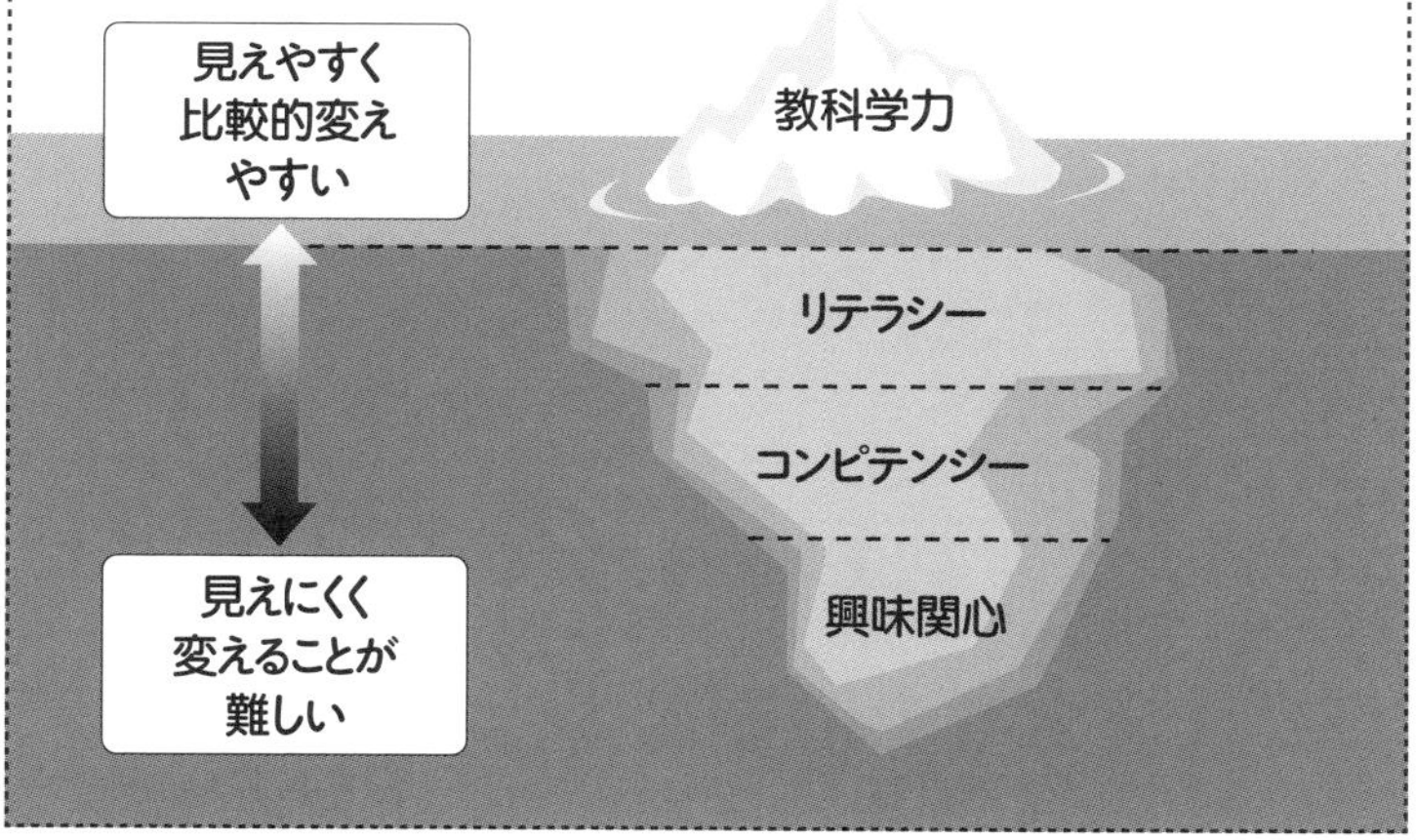

するアセスメントテストとして開発されたのが「学びみらいPASS」である。

具体的には4つのアセスメントテストを使い、(1)教科学力、(2)ジェネリックスキル（リテラシー・コンピテンシー）、(3)時間の使い方・キャリア意識、(4)適性・興味関心などを測定し、見えにくく数値化しにくい資質や能力を測定しているのが特徴と言える。

本稿を進める上で、「ジェネリックスキル」について補足をしておきたい。ジェネリックスキルとは社会で求められる「汎用的な能力」であり、リテラシーとコンピテンシーの2つの観点から測定している。リテラシーとは「知識を活用して課題を解決する力」であり、コンピテンシーとは「経験を積むことで身についた行動特性」である。簡単に言えば「考える力」と「行動する力」であり、5

図2 逆転合格者・逆転不合格者の高2年時のコンピテンシー
(n=240)

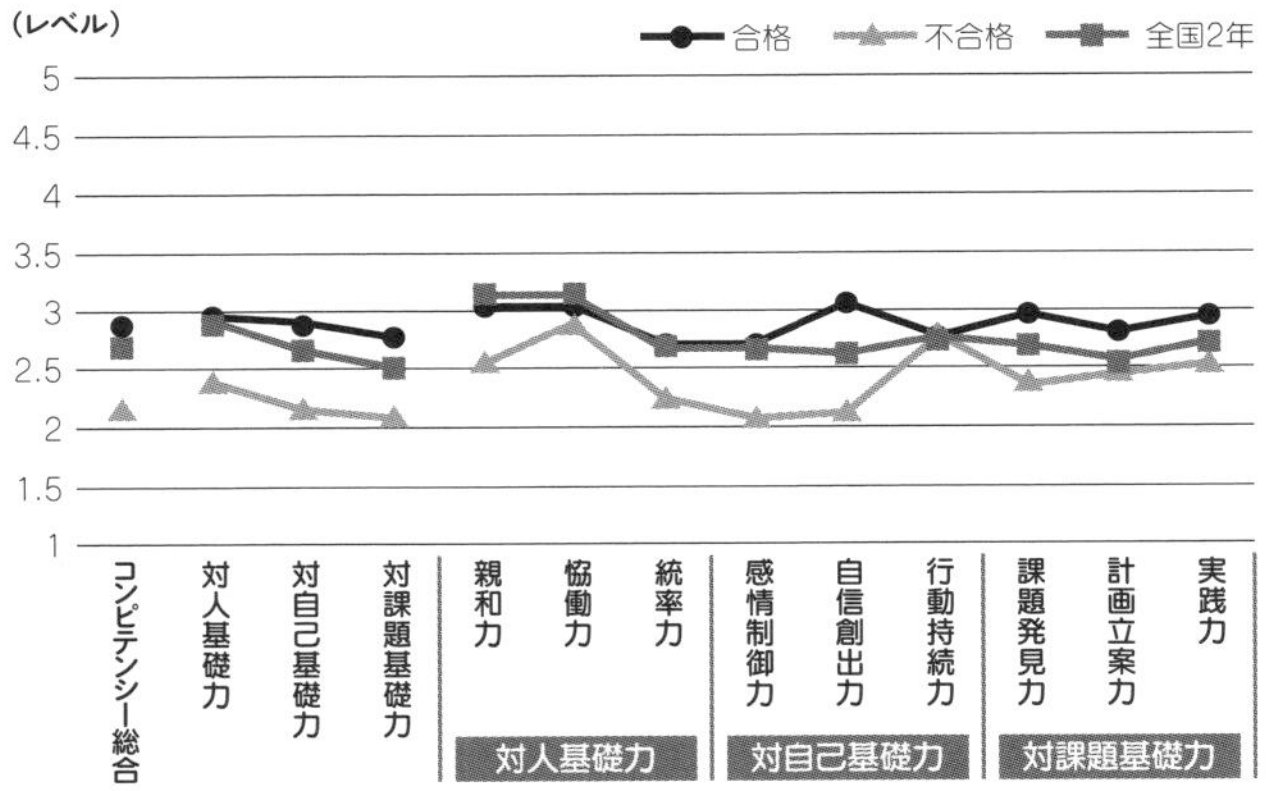

※コンピテンシーは全て5段階で評価

～7段階で評価される。ちなみに教科学力との相関をとると、リテラシーは弱い相関が見られるが、コンピテンシーは相関が見られない。これは、勉学に優れた進学校に主体的に行動する力が低い生徒が一定数おり、進路多様校と言われる学校に主体的に行動する力が高い生徒が一定数いることを意味している。先生方であれば、容易に想像できるかと思う。

●ジェネリックスキルと大学入試

ここからは、アセスメントの分析結果を報告する。まず、ジェネリックスキルが（現状の）大学入試にどのように影響するのか、分析したのが図2の結果である。

入試直前の模擬試験で合格可能性が低かった（D、E判定だった）が本番で合格した生徒（逆転合格者）と、入試直前の模擬試験で

図3 **キャリア意識の成熟度推移**
(n=21449)

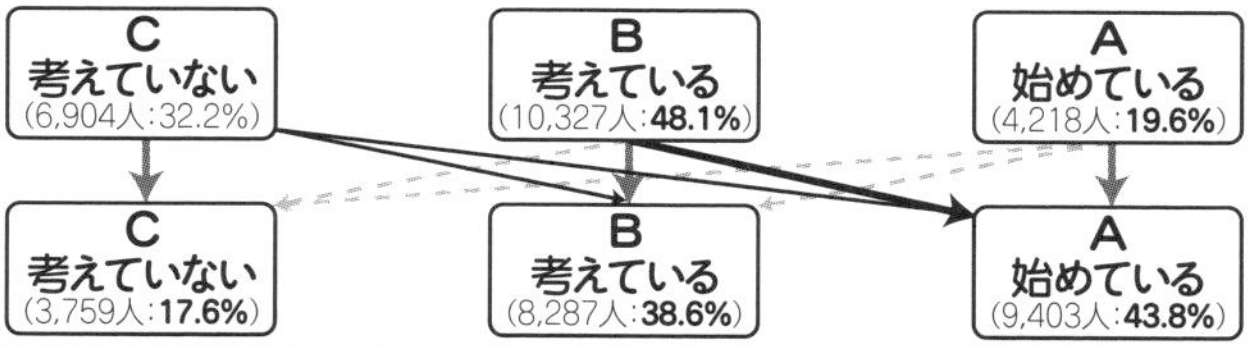

キャリア意識の変化	人数(人)	割合
B→B	4,759	22.2%
A→A	3,171	14.8%
C→C	2,461	11.5%
B→A	4,448	20.7%
C→B	2,659	12.4%
C→A	1,784	8.3%
B→C	1,120	5.2%
A→B	869	4.0%
A→C	178	0.8%

3つの推移タイプ別集計		人数(人)	割合
維持	キャリア意識に変化のない生徒	10,391	48.5%
成熟	キャリア意識が成熟する生徒	8,891	41.5%
後退	キャリア意識が後退する生徒	2,167	10.0%

は合格可能性が高かった（A、B判定だった）が本番で不合格だった生徒（逆転不合格者）の高校2年時のコンピテンシーを比べる。すると、逆転合格をつかんだ生徒たちの方が高めであり、逆転不合格となった生徒たちは明らかに低い結果であった。

特に、対自己基礎力の「感情制御力」「自信創出力」が低めであることから、ストレスやプレッシャーによって本番で持てる力を発揮できなかった様子や、ちょっとした失敗から気持ちを切り替えることできなかった様子がうかがえる。

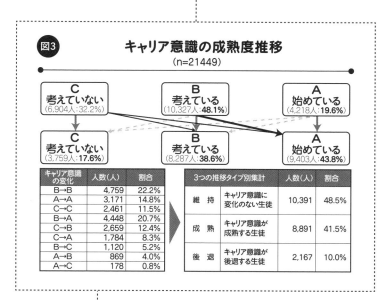

ジェネリックスキルとキャリア意識

学びみらいPASSでは「キャリア意識」も測定している。測定のベースとなっているのは溝上慎一先生（学校法人桐蔭学園理事長

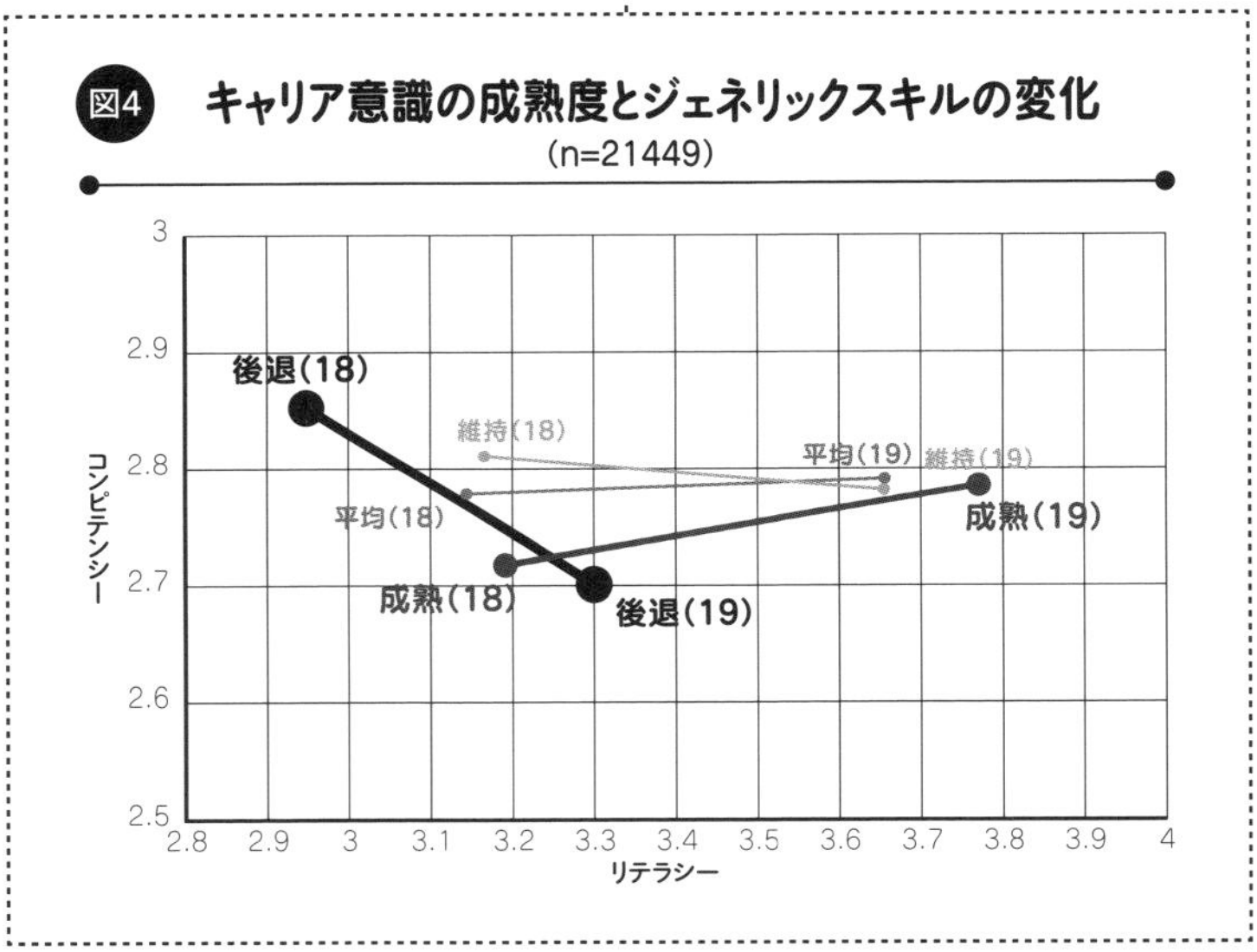

桐蔭横浜大学学長・教授）と共に行っている「学校と社会をつなぐ調査」であり、この調査の第2回調査では高校2年時の「キャリア意識」が大学1年時の「主体的な学習態度」に影響を与えていることが明らかになった。今回は、高校生におけるキャリア意識の変化とジェネリックスキルの変化について紹介する。

まずキャリア意識の変化についてである。学年が上がるに連れてキャリア意識が成熟するというのが本来の望ましい姿であるわけだが、図3のとおり90％の生徒が成熟もしくは維持しているものの、残念ながら10％の生徒はキャリア意識が後退している。

そして、これらの3群におけるジェネリックスキルの変化を見ると、図4のとおり成熟群はリテラシー・コンピテンシーとも順調に成長しているが、後退群はコンピテンシーが明らかに下がっていることが分かる。因果関係は明らかではないが、自分の将来にある程度見通しを持ち、考えているほうが日々の行動も主体的になり、コンピテンシーが高まっていったと解釈しても不自然ではない。

リテラシー・コンピテンシーの下位要素の変化まで分析した結果を見ると、3群で特に差があったのは、対課題基礎力の「課題発見力」と「計画立案力」であった。これは図2の逆転合格者と逆転不合格者でも差が出ていた要素である。

これまでの結果を合わせて考えると、キャリア意識の成熟とジェネリックスキルの成長には正の関係があり、ジェネリックスキルが高いほうが合格を勝ち取る可能性が高いことから「キャリア意識が成熟しているほど受験でよい結果を得る可能性が高まる」という解釈は可能だと思われる。

決め方から進路とキャリアを考える

学びみらいPASSでは、「学問適性」や「職業適性」を見ることもできる。気づいていなかった可能性があることを生徒に伝えることができ、生徒の視野を広げることができる。これをキャリア意識の成熟にうまくつなげられる生徒がいる一方、別の視点で見れば、多数の選択肢が提示されることで戸惑う生徒も少なからずいるだろう。なにせ、今ここを生きる生徒にとっては想像が難しい未来のことである。

そこでオープンキャンパスや、インターンシップへの参加という打ち手がある。どちらも生徒が

図5　総合評価法の事例

判断基準／選択肢	学問の面白さ	学問の忙しさ（部活との両立）	社会貢献できる	手に職がつく	総合点
重　み	★★★★★	★★	★★★★	★	
理学部	5×5	3×2	1×4	1×1	36
農学部	4×5	3×2	3×4	3×1	41
薬学部	2×5	5×2	4×4	5×1	41

持つ情報を増やし、キャリアや未来の解像度を高めることができるだろう。しかし、もし未来がうまく思い描けなかったとしても、生徒は最終的には進路を決断し、その決断を実現するために行動する必要がある。高校生の段階で未来を描ける生徒、描けない生徒、そのどちらにも貢献できることはないか。そう考え、私たちは「意思決定の技法」を学ぶ機会をつくり始めた。意思決定するにあたり、決め方、選択肢、判断基準の３つの要素に分解をし、それぞれ考えていくというものである。

その一部を簡単に紹介する。図５は学部選択を例にしているが、総合評価法とは決め方の一つであり、複数の観点から比較するための方法である。ポイントは、２つ以上の選択肢が列挙できること、②複数の判断基準を持つこと、③判断基準に優先順位（重み付け）をつける、そして、④それぞれの選択肢を判断基準で評価すること、⑤机上の評価を行動によって検証すること、⑥一枚の表を判断材料に、最後は直感も含め、腹を据えて決断することである。単純なプロセスであり、中高生でも実行可能であろう。

一方、現場で実践して見えてきた課題が2つある。一つはこの表をきれいに埋められる生徒は半数に満たないということ。もう一つは、表を書ける生徒の中には2つのタイプの生徒がいるということである。1つ目のタイプは、進路に関する情報を集めすぎて、決めきれない、混乱している生徒である。その場合は、枠組みに情報を整理することで次の行動が明確になるだろう。もう一タイプは選択肢が描けないまたは1つしかなく比較にならない生徒、判断基準が言語化できていない生徒である。その場合は、他の生徒になりきって考えるケーススタディを通じて、追体験をしてもらう。また、①～④のプロセスではリテラシーが、③～⑥のプロセスではコンピテンシーが、それぞれ活用される。

ここまでの方法を読み、生徒一人ひとりに明確な一つの将来を持てるように促す方がよいのではないかと考える先生もいるだろう。比較するということ自体に違和感を覚える先生や生徒がいることも理解できる。ただ、生徒は一人ひとり未来の描き方も違えば、考え方も異なり、思考の成熟するタイミングも違う。だから、考え方にもバリエーションがあったほうがいいと思われる。

実際に、とあるイベントで中高生の姉妹に「教科の授業は個人個人のペースに合わせてできるようになっているのに、どうしてキャリア教育は全員同じペースで進むんですか」と言われ、ハッとした経験がある。学習の個別最適化は、教科の学びだけの話ではないということに気づかされた日であった。

意思決定を通じて、自らを求め、学びつづける人へ

多くの高校生にとって人生最初の大きな決断が進路選択である。地域によっては、入学して学校に慣れる間もなく、文系・理系の選択を迫られる。その先には、学部学科や大学の選択が待ち受ける。生徒は不完全な情報をもとに、自身の将来を左右する決断をしなければならない。この状況自体をなんとかしたい思いもあるが、すぐに変えられるものではない。そして、目前で選択を迫られ、悩んでいる生徒が学校や塾の現場にいる。

生徒に意思決定の技法を授けることによって、このピンチをチャンスに変える。自分にとって切実な選択にしっかりと向き合うことで、意思決定の基礎を身につける。高いレベルの大学に合格することは生徒にとってわかりやすい目標であり大切であるが、納得した上で選んだ大学に行くことも同じくらい重要であろう。結果として、将来を考え、キャリア意識を成熟させる過程で身についた能力が、受験での踏ん張りにつながってくる。

さらに、卒業した後にも、生徒には様々な選択が控えている。大学ではゼミや研究室の選択、就職・転職などの仕事に関わる選択、結婚や住まいなどの暮らしに関わる選択、そして検査や治療法などの家族や自身の生命に関する選択、そして未来には今からでは想像もできない選択が待ち控え

ているだろう。

これらの決める機会に、ジェネリックスキルと意思決定の技法を活かし、納得のいく選択をしてほしい。これは河合塾が使命として掲げる『「自らを求め、学びつづける人」を支援し、一人ひとりの未来に貢献します』にも通ずることである。

9

生徒たちが創りたい「未来」を実現するために
――日本イノベーション教育ネットワーク（協力OECD）の取り組みから

太田　環（日本イノベーション教育ネットワーク（協力OECD））

私たちのあゆみ

日本イノベーション教育ネットワーク（協力OECD）[1]（以下「ISN」）は、「OECD東北スクール」[2]をその前身としています。OECD東北スクールは、2012年から2014年にかけてOECD（経済協力開発機構）と文部科学省、そして福島大学が推進した東日本大震災復興支援教育プロジェクトで、東北の未来を創るイノベーター（変革者）を育てるため、被災した9つの地域から約100名の中高生が集まり、「壁を超える（越境）」という共通の概念のもと、東北の魅力を世界に発信するプロジェクト学習に取り組みました。この精神は生徒たちが創った「OECD東北スクール」のロゴのキャッチコピー「私たちは過去を超えます。常識を超えます。国境を越えます。」にも色濃く表されています。そしてこの「壁を超える（越境）」という精神はISNに受け継がれています。

OECD東北スクールロゴ

OECD東北スクール
チーム環
私たちは過去を超えます。
常識を超えます。
国境を超えます。

「地方創生イノベーションスクール２０３０」プロジェクトは、ＯＥＣＤ東北スクールの後継プロジェクトとしてＯＥＣＤの協力を得ながら、ＩＳＮがパートナー校・チームとともに２０１５年から推進しています。生徒たちは２０３０年における自分の地域の課題解決に向けて、学校の壁を越えて様々な他者と協働し、さらには国境を越えて海外の生徒たちと協働する、国際協働型プロジェクト学習を推進しています。今の課題ならまだしも、２０３０年の課題を見通すというのは、大人でもなかなか難しい作業です。

ＩＳＮではこの地方創生イノベーションスクール２０３０第２期の集大成として、２０２０年８月に生徒国際イノベーションフォーラム２０２０＠オンラインを開催しました。[3] テーマは"School for 2030"。２０３０年の学校のウェルビーイング（より良い在り方）を考えるフォーラムです。世界９か国から、約２００名の生徒・学生と１００名の大人（教師をはじめ、研究者、企業、政府・自治体関係者、ＯＥＣＤ関係者など）に参加していただけました。生徒主体のフォーラムですが、決して生徒だけで実施したものではありません。生徒の声を中心に、生徒、大学生、大人が関係の壁を越えて対等に話し合い協働し、世界と学び合うということを大切にしながら、準備、実施しました。

多くの国・地域にわたる関係者をつなぐコミュニケーションツールとして使用したSlackは、何人もの先生が、生徒さんに使い方を教わったと聞いています。オンライン国際会議のホストは、大人にとっても初めてです。進行の中で大人が気づかない部分を、生徒たちは冷静にしっかりとカバーしてくれました。準備・運営に携わった生徒たちの成長は目を見張るものがありましたが、それは一人ひとりが自分で考え、責任感を持って会議がより良いものになるよう、エージェンシーを発揮し、努力し行動した結果だと思っています。そしてフォーラムの参加者一人ひとりが、「自分たちにももっとやれることがある、やりたい」と思う機会となれば、大成功です。

今の子どもたちを取り巻く課題

2019年12月に開催されたISN研究会議で、OECDから以下のとおり、国際比較の観点から、日本の生徒の状況が自治体グループで示されました。OECDが2012年に実施した生徒の学習到達度調査（PISA2012）では、日本の生徒たちは学校での満足度は高いが、自信をもって物事を決めていくことや、将来の仕事に役立つことを学んでいるかという問いに関しては、調査国中最下位の結果を示しています[4]（図1）。

またPISA2018では、日本の生徒たちは世界と比べて失敗を恐れる割合が高く、読解力が

図1

I feel happy at school

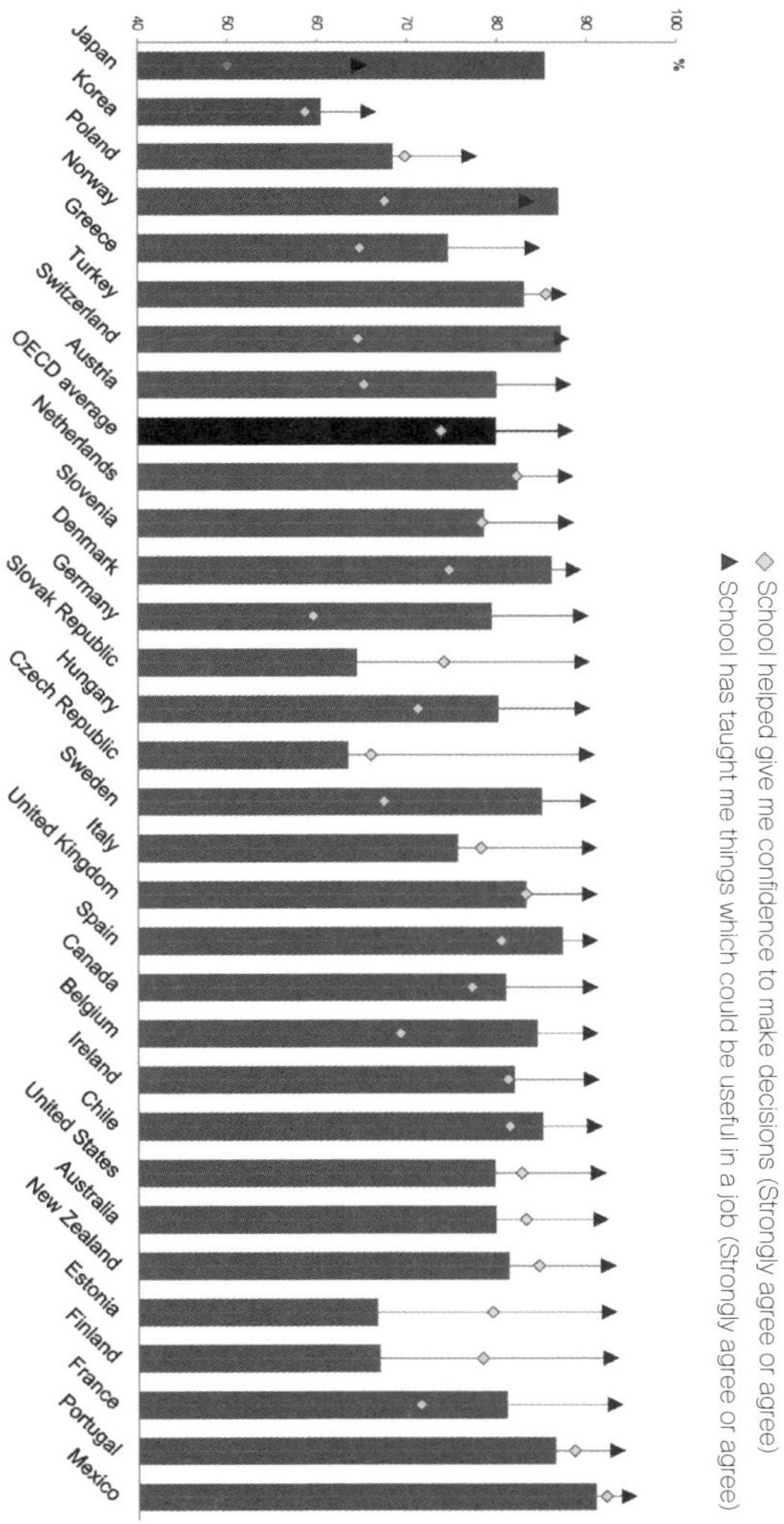

Source: OECD (2013), PISA 2012 Results: Ready to Learn (Volume III): Students' Engagement, Drive and Self-Beliefs, PISA, Figure III.1.2

図2 Figure III.13.4 Fear of failure and average reading performance

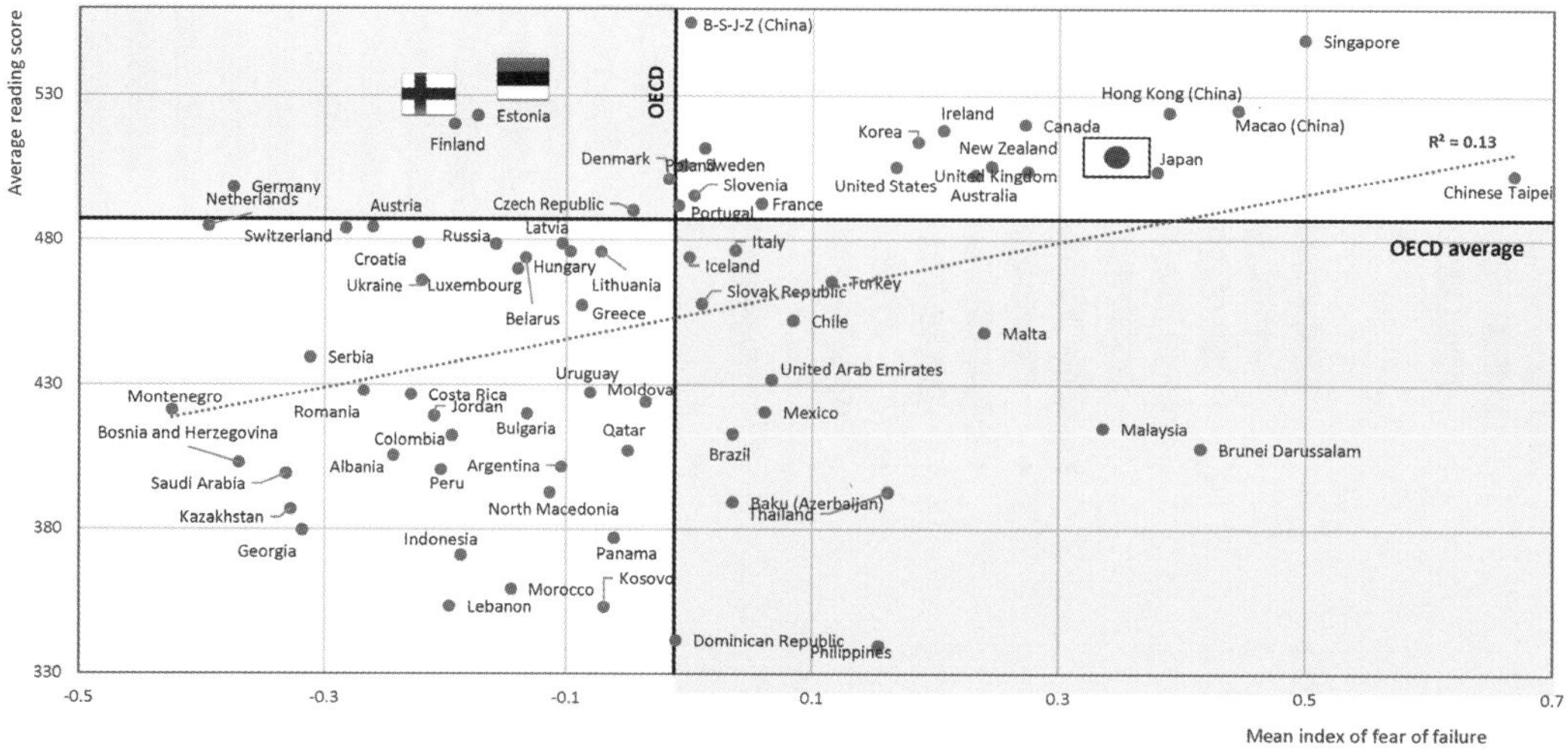

※出典　PISA 2018 Volume III Fear of failure and average reading performance

同程度のフィンランドやエストニアと比べても対照的な結果となっています[5]（図2）。

さらに日本財団が実施した国際的な18歳意識調査では、「自分で国や社会を変えられると思う」「自分は責任がある社会の一員だと思う」などの問いに対して、「日本は、いずれの項目においても9ヵ国の中で他の国に差をつけて最下位となった。」という結果が示されています[6]。「このような若者たちを、未来の担い手として生みだしている今の日本の教育に大きな危機感を感じる。様々な関係者がお互いに影響を与えあい、良いことも悪いことも含めてぶつかりながら、失敗を恐れないでやってきたか、ということが問われている」と、この研究会議で、ＯＥＣＤから提供されたデータを基に、ＩＳＮ共同代表の三浦浩喜教授は、研究会議に参加した生徒、教師などを前に訴えました。本当に小さなことでよいので、リアルな課題の解決を目指して様々な他者と関わり、責任をもって行動する、ということを、生徒たちには経験してほしいと考えています。

ＩＳＮの目指す未来の学びとＯＥＣＤラーニング・コンパス２０３０

ＩＳＮはＯＥＣＤ教育スキル局が主催するThe Future of Education and Skills 2030（Education 2030）[7]プロジェクトのスクールネットワーク・メンバーとして、２０１５年の立ち上げから参加しています。Education2030は２０１９年に、新しい学習の枠組み「ＯＥＣＤラーニング・コンパス（学びの羅針盤）２０３０」[8]を発表しました。これは一部の専門家が作って押し付けられたものではなく、ＩＳＮの参加生徒、教師、研究者を含む、30を超える国からの様々な関係者が集まり、対話を重ねてともに創り上げたものです。

社会はＶＵＣＡ（Volatility, Uncertainty, Complexity, Ambiguity＝不安定、不確実、複雑、曖昧）の時代に突入しつつあり、コロナ禍がまさにそれを象徴しています。このようなＶＵＣＡの社

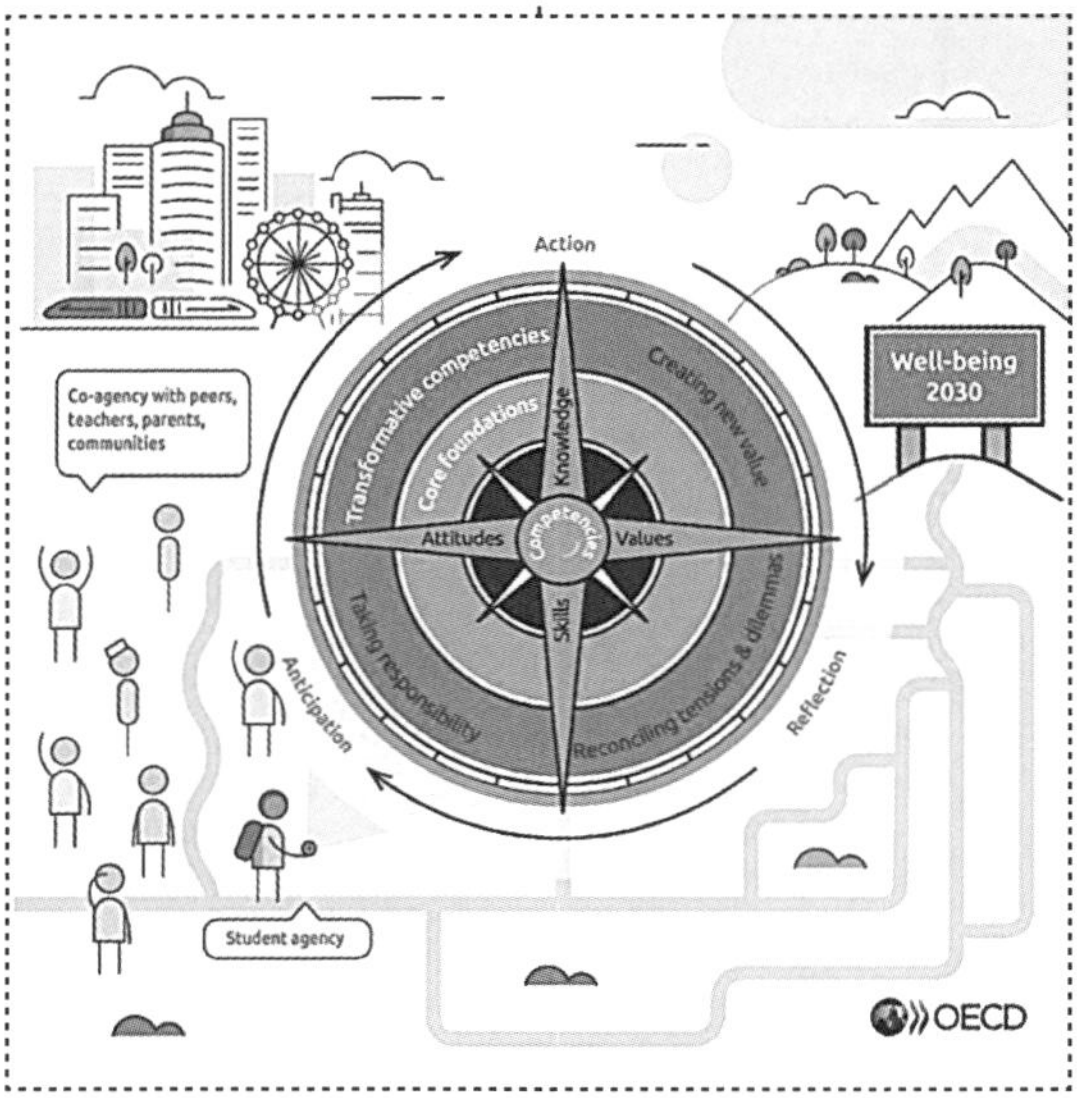

会をより良く生きていくために生徒たちに必要なことは、より良い未来を指し示すコンパス（羅針盤）を持ち、自らの歩みを進めることだというＯＥＣＤの考え方についてＩＳＮもそのとおりであると考えています。このコンパスには、より良い未来の創造に向けた変革を起こすコンピテンシー（対立やジレンマに対処する力、責任ある行動をとる力、新たな価値を創造する力）が含まれています。福島のある高校生は、原発の廃炉に関して地元の住民が無関心であることを課題だと感じ、無関心の理由は住民が専門家と対話をする機会がなく、対話をしても専門的すぎて理解できないと思っていることから、地元のスーパ

ーマーケットで住民と専門家を交えた「高校生と考える廃炉座談会」を開催しました。リアルな課題に対して変革を起こそうとした挑戦の一例です。

そしてこの枠組みの中核にあるのが、生徒エージェンシーです[9]。誰かに言われたからやるのではなく、周りをより良い方向に変革していくことを目指し、自分の意思で責任をもって判断し、行動する力です。この生徒エージェンシーをはじめ、ラーニング・コンパスで提案されている力を育む学びの在り方を、ＩＳＮは定期的に開催される研究会議で、生徒を含む様々な立場の参加者が平等に対話することを通して模索してきました。そして生徒は一人ではありません。生徒と関わる教師や友人、家族、社会の人々とエージェンシーを共振させあいながら、共同エージェンシーを発揮していきます。社会には様々な他者がいて、価値観を共有しない人たちとも何とかやっていかないといけません。その時に、自分にとっても相手にとってもやっていけそうな折り合いの接点を探りながら、望む未来（Future We Want）を目指して変革を起こし、進んでいってほしいと願っています。

デジタル化、グローバル化の波の中で、学校は社会から大きく遅れてしまいました。学校が社会に追い付き、そして社会の先を行く学びを実現するために、異なる立場や異なる地域の志を同じくするメンバーと、ドキドキワクワクしながら学び合うことが大切であるとＩＳＮは考えています。

【注】

1 正式名称：Japan Innovative Schools Network supported by OECD
ウェブサイト：https://innovativeschools.jp/#regular-header

2 ＯＥＣＤ東北スクールウェブサイト：http://OECDtohokuschool.sub.jp/

3 生徒国際イノベーションフォーラム２０２０ウェブサイト：https://forum2020.innovativeschools.jp/jp/

4 出典：OECD（2013）PISA 2012 Results: Ready to Learn (Volume III): Students' Engagement, Drive and Self-Beliefs, PISA, Figure III.1.2.

5 出典：OECD（2019）PISA2018, Figure III.13.4. Fear of failure and average reading performance
https://www.OECD-ilibrary.org/sites/2f9d3124-en/index.html?itemId=/content/component/2f9d3124-en

6 出典：日本財団（２０１９）18歳意識調査「第20回 ――社会や国に対する意識調査――」要約版
https://www.nippon-foundation.or.jp/app/uploads/2019/11/wha_pro_eig_97.pdf

7 Education2030 ウェブサイト：http://www.OECD.org/education/2030-project/

8 ＯＥＣＤラーニング・コンパス２０３０コンセプトノート：Leaning Compass 2030とStudent Agencyに関しては、日本語訳も掲載されています。
http://www.OECD.org/education/2030-project/teaching-and-learning/learning/all-concept-notes/

9 同8のコンセプトノート：Student Agency 参照。

part3

未来と学校教育

――「未来」という言葉に落ち着いて向き合うために――

PART3では、伝統的な学校教育についても考えてみたいと思います。ある意味、「未来」ばやりの時代となっていますが、学校の現実と照らし合わせて「未来」を考えます。

1

未来を見据えた学校づくりとは

日野田 直彦（武蔵野大学中学・高等学校長／武蔵野大学付属千代田高等学院校長）

「未来」って何？

そもそも未来とは何だろうか。

私が見せてもらった未来というのは、1990年末から2000年前半に、のちにGAFAと呼ばれる会社を作った方々と少しかかわりを持たせてもらった際、一緒に考えたことだった。それはまさに「ノアの箱舟」であった。人類を次のステップに引き上げるためにはどうしたらよいかという真剣な議論を端で見せていただき、そこで「この先はこういう人たちが必要なんだ」ということが分かった。そもそも、そうした人たちはほとんどいないし、今も全く足りていない。「20世紀からの脱却」、具体的にいえばフィックス・マインドセット（人の能力は固定的で変わらないという考え方）からグロース・マインドセット（人の資質能力は伸張可能だという考え方）へどうやって人々を導くか。それが最終的には、この地球をどう維持していくかという話にもつながっていく、そんな議論が展開されていた。

いわゆる民主主義制度も限界にきている。その理由は人口ピラミッドの変化にある。以前は明確なピラミッド型だったが、今は逆三角形型である。これではどうしても福祉に偏った民主主義にならざるを得ない。さらに国民国家の体制にも限界がきている。キャピタリズム＝資本主義も同様、株式会社のシステムもそもそも17～18世紀の社会・生産・消費を背景としたシステムである。社会の変容に対して、こうした古い制度をどう作り替えていくか。それがこれからの未来に求められている。

そうした中で、たとえば冒頭のＧＡＦＡと呼ばれる企業群が注目を集めているが、これらの企業は全て、次の『未来』を想像することを前提に、企業活動を進めている。それは単なる皆が思い込んでいる「金もうけ」を目的とせず、手段として金儲けをするが、そのお金を使って、新しい未来を作り出すためのPay Forwardをし続けているのだ。

人々が所属や人種ではなく、個人の信用の下に生きていく時代がくるというところにどれだけ思いを馳せられるか。こうした考えで、企業も学校も変わっていかなければいけない。ヒューマンリソースマネジメントだったり評価なども、経営者が労働者に対して一方的に点数を付ける形ではなく、「自分がそもそもどう成長したいか」や「どう社会に貢献していきたいか」など、自らが自分の人生を語れる、そうした時代になりつつある。さらに、インターネットの発達やグローバリズムの拡大によって、個人間で直接評価し合えるようになっている。例えば、Googleという企業の基礎には元々こうした考え方がある。だから、無料でGoogleアカウントを配布するのだ。

つまり、「未来」とはそもそもどういった時代かと聞かれたら、国家に貢献するとか、社会や会社の要請ではなく、個人をその本人が望むように最大限成長させることを実現できる時代だということである。あるいは、個人が組織から解放されて、個人として活躍ができ、個人として発信ができる時代だとも言えるだろう。

古いシステムからの脱却を

そうした「未来」がやってきつつあるのに、やはり学校は少し遅れていると感じる。そもそも「学校」はそんなに特別な空間なのだろうか。「学校」と付くとどうしても特別な空間と認識されてしまっている気がする。

しかし、そもそも学校は地域の人たちの必要に応じて地域の中につくられているもので、オープンな空間で出入り自由だったはずだ。京都の番組小学校などは有名だろう。私も学校で保護者の方々には「保護者は株主です」と言っている。学校にはポリシーがあり、それに共感した方々が集まって「学校」を構成する。その上で、株主たる保護者のご意見を聞きながら、ポリシーに沿った教育内容を創造し続ける。これこそが、本来あるべき学校の姿ではないだろうか？　つまり、基本的には、学校のポリシーを大前提にしつつ、保護者の声を聞き、それを実現するために仕事をしているのだ。そう考えれば、よく学校と社会は断絶していると聞くが、そうしたこと自体がナンセンスだ。

元々、近代学校システムは19世紀頃にできたものだが、当時は産業革命期で工場労働者の育成が主たる目的であった。そこでは、中堅からそれ以下の労働者を生み出すことが目指され、会社に対して従順な労働者の育成を、それはひいては、国家レベルで考えれば政治的にものを言わない、ある意味従順な市民の育成が行われてきた。

また、いつの頃からかいい大学、いい企業（大企業）に入ることが目的となってきた。バブル前までは、それこそが「成功」の定義であったし、実際それが「幸せな生活」に直結した部分があった。しかし、現代においてはこれでよいのだろうか？　そして、今の小中高生が迎える20～40年後の未来はこれで対応できないのは、読者も肌感覚でお分かりのことだろう。では、ＧＡＦＡに入ればいいのか？　私はそうではないと思っている。将来、ＧＡＦＡなどを超える人を育てなければならないのだ。

「就職」という概念も残りはするが、古くなるだろう。私も今は校長という仕事をしているが、ライフワークは「社会変革者」であると自分なりに定義している。今は教育に関わることが最大のインパクトを出せると考え、その手段として「校長」という仕事にかかわっている。今後、「キャリア」や「仕事」とは何なのかを考え、職業はそのための手段であり、その向こう側にあるそれぞれの個人がもつ「哲学」や「社会貢献」という目的が大切になる時代が来ると思っている。

あるいは、保護者の願いを受けて子どもたちが将来、幸せになるように、選択肢や気づきを増やしていくことが学校の仕事だと考えている。しかし、このまま19世紀の労働者を育てるような教育で、21世紀、22世紀に子どもたちは幸せになれるのだろうか。もちろん、「保護者の願いを受けて」とは保護者の要望をすべて受けることではない。「人は自ら経験したことしかできない」とも言う。保護者や教員は、自分の経験した20~40年前の経験や発想で考えてしまうことがあるので、保護者に対しても「本当にその発想で子どもたちはこの先、幸せになれますか」と問うていかなければならない。

とにかく、これからは古いシステムから脱却し、個人で自立して動くことが大切である。学校名や企業規模ではない、自分でゲームを創れる、その上でチームを構成し、自分で社会を創れる、そうした人を育てていきたい。それが未来の幸せなのだ。「ノアの箱舟」に一緒に乗りましょう、と言いたい。

未来の学校とは

今、私は未来の学校の形も少し具体的に考え出している。「未来」といっても遠い先ではなく、少し先の未来だが、学校はもう少しスリムになっていってもいいのではないだろうか。今の一条校は、ほとんど1960年代にできた法制度が前提となっている。したがって、校長が必ず必要だとか、校舎や校庭の広さなども厳格に決められている。高度成長期の時代はそれでよかったかもしれないが、人口減少時代では、経費の面から考えてもう成り立っていかないだろう。あるいは、どんなに立派な建物とシステムでも50年後には結局作り直しになってしまうのだから、極端な話、プレハブ校舎でもいいのではないか。人口増加期が終わり、よりよい場所に移り住む時代もきている。そのため、人口重心が移動したら、それに合わせて学校も移動しなくてはならない時代だということである。そうしたタイプの、もう少しフレキシブルな学校のモデルを考えてみたい。ちょうど今は、多くの学校が建て替えの必要な時期になっているが、財政的な面で建て替えができていないので、そうした学校をどう建て替えるか、ヒントになればと思っている。

また、これからの学校を考えた場合、根本的な課題の一つは「学習評価」の在り方だ。日本の教職課程の一番弱いところがここであろう。日本の大学の教職課程においては、「指導法」を学ぶことはあっても、その効果を測る「学習評価」については、ほとんど学ばないという状況が続いている。そのため、テストをしてスコアを付けることが「評価」とほぼ直結している。世界的には、ルーブリックやクライテリア（判断基準）による人材育成が主流だが、こうした考え方もほとんど学校教育には入ってきていない。

他の国々では、ルーブリックを自分で宣言をする学校もある。つまり、自分がどう成長したいかを三者懇談で保護者と先生に宣言し、それをもとに自己評価をし、保護者・先生からそれぞれ評価してもらうという形だ。しかも、一方的なものではなく、話し合いをしながら成績を付けていくのである。この「本人がどう成長したいか」を宣言できる場面が、日本にはほとんどない。結局、ペーパーテストでよいスコアをとること、あるいは先生や保護者の言うことを聞いて、気に入られるかどうかが目的となってしまう。だから、大人の顔ばかり気にする生徒が育ってしまうのだ。私はむしろ「こっち見るな！」と生徒には言いたい。

学校改革を進める上で大切にしたいこと

私はこれまで、奈良学園登美ヶ丘中学・高校の立ち上げに関わり、その後、当時、最年少の校長として大阪府立箕面高校に赴任し、現在の学校につとめるに至っている。

どの学校でも基本は、「枠を外すからワクワクする！」をモットーとしてやってきている。「枠がある」ということは、みんな共同幻想をもっているということである。みんながもっているその共同幻想を、そもそも論から考え直す。「こうあるべきだ」といったときが一番危ない。だから、「うちの学校はこうあるべきだ！」とみんなが盛り上がっているときほど、「それが危ない」と言い続けている。

常に生徒を見て学校経営もやってきた。たとえば、今年の始業式は残念ながら新型コロナウイルス感染症の影響でオンラインで行ったが、そこで私が言ったのは「今年のテーマは全員、変態になろう」だった。この「変態」の定義は、いろいろなものに変身できる力をもとうということである。

あるいは、どうしてもこの国はまだまだ特殊な力を持っていたり、目立ったりすると叩かれる国であるから、そうした能力を持っている人を最大限、認め合い、尊敬しあう関係をつくっていこうという意味である。

こうした傾向は、実は日本だけではない。ビル・ゲイツもはっきり言えば変態だ。その彼が「オタクは世界を変える」と言っている。ラリー・ペイジもマーク・ザッカーバーグもある意味「変態」だ。彼らは、多くの人には理解できない世界と未来を見ている。そのため、誰からも理解されない「変態」なのだ。日本でも元Googleの村上憲郎さんは（いつもお世話になっているが）、壮大な世界観をもった変態だ、といつも尊敬している。「大衆は常にコンサバティブでありマジョリティである。世界を変革する人は常にマイノリティである」とも言われる。誰もが気付かない世界観を持つ、マイノリティであり、現状を脱却しようとすれば「変態」するしかないのだ。

つまり、みんながそれぞれに哲学を持って、自分の心の赴くままに「素直」に生きていく。当然、他者への理解とリスペクトが前提だ。そして、お互い緩くチームをつくる、アライアンスを組む。こうした組織であることが、GoogleやFacebookの本当の強さなのだと思う。こういった組織・企業で終身雇用などあり得ない。ある程度したら辞めていくのが普通だが、辞めたあとでもしっかりとその企業に貢献する。そうした関係になれたらいいと思って、生徒たちにも先の「変態になろう」というメッセージを伝えたのだ。

往々にして、学校でも会社でも辞めた人に対しては冷たくすることが多いだろう。「裏切り者！」と言われることも少なくないし、「ドロップアウト」したなどとも言われる。私は、辞めて他へ行ったり、独立したとしても、先にいたところにいい影響を与える、また辞めた人も前のところからいい影響を受ける、こうした相乗効果が生まれればよいと考えている。お互いに応援し合える関係を続けることこそ大切なのだ。

また、職員や生徒、保護者の声を聴くこと＝ヒアリングは徹底してやっている。どこの学校でもそうだろうが、この学校でも先日、昼休みに校長室に生徒たちが集まってきて「あれしたい、これしたい！」と話しにきた。どんなことでもいい。「スクールバスを作ってほしい」「エアコン壊れている」「コピー機の置き場所が使いにくい」等々、いろいろと話をしてくれる。結局、停滞していられない変化の激しい時代であるから、声を聴いて、変化に合わせられるかどうかなのだ。ダーウインの論には全面的には賛成できないが、変化に強いものが生き残るという話は本当だろう。

そして、変化の激しい時代だからこそ、パワフルな人が生き残るのではなく、しなやかな人、変化に対応できる人が生き残るということである。本来の日本人は、しなやかな民族のはずなのだ。そうして、どんな荒波も乗り越え、発展してきた。しかし、最近はどうも欧米人化してきていないだろうか。真似をしても仕方がない。柳のようにしなやかにうまくやり過ごしながら、しかししっかりと目的をかなえていく。そうしたしなやかさが、少し失われている気がしている。

「自律」と言いながら自律させない

もう一つは、生徒の自由や自律と責任という話である。子どもたちの未来を考えれば、必ず自律しなければならない。たとえば、私は同志社国際高校出身だが、ここは「上靴を履く」「礼拝に来る」以外、校則がなかった。もちろん、普通の高校とは違う学校だ。世界中から生徒が集まってくるところだから、習慣や宗教の違いで一つのルールで運営ができないのだ。そうした事情もあり、「自分たちは自分たちできちんと律してやってほしい。それが信頼関係だ」という前提で動いていた。

自由とはそもそも何かなどは、大人がいる中でそれこそ自由に動き、失敗する中で学んでいくものだろう。逆に言うと、校則が厳しいところでは、生徒たちが卒業後に好き勝手をしてしまうということもある。先生たちも枠組みを作って、そこに当てはめていれば安心なのかもしれない。

今の学校でも、こうした自由や自律を学ばせるためにいろいろ考えているところだ。その中の一つとして、教員採用説明会を生徒にやってもらおうと考えている。来てほしい先生に一生懸命に説明し、説得しないと来てくれない、そんな機会を設けたい。あるいは、コロナ禍がなければ、今年は本当は職員会議に生徒を入れたかった。以前から考えていたことだが、これからの未来の学校は、生徒も教職員も一緒になって、学校運営・経営をやっていかなければならない。失敗してもいい。議論しながら学んでいく絶好の場だろうし、教職員にとっても緊張感が持てる。本来、学校とはこういうことも試みられる場所なのだろう。

未来を見ている先生方へ

もちろん、未来に向けて少しずつは動き出している。今、公立でも私立でも、学校の中から未来を見て動き出している人たちが出始めている。まだ数は少なく散発的だが、そういう人たちがアライアンスを組んでやっていけたらよいのではないか。

一方、そうした先生たちの存在に気づき始めている管理職の先生もいるだろう。なかなか接し方は難しいだろうが、私であればまずは孤立を防ぎたいと考える。その手段はいくつかあるが、たとえば他の学校から同じように頑張っている先生、あるいは社会変革を志している人を呼んで、講演会などをセッティングする。そうすると、校内では孤立している先生も「同じ考えを持っている人が世の中にいるんだ」と安心すると思う。逆に、そうした先生に外に出てもらう機会を増やすことだ。正規のカリキュラム外のところで、修学旅行やサマーキャンプなどを企画してもらうことでもいいだろう。あるいは、仲のいい校長先生同士で情報交換をし、多様な先生が交流するようにしてもいい。

結局、新しいことを始めようとしている先生は不安が大きいのだ。そんなときに「こんなことをやっても大丈夫なんだ」と安心感が持てれば、きっとその先生は活躍できると思う。そういう先生はどうしても今は少数派だから、しっかり励ましたいところである。

未来を考えたときには、学校という場所は無限の可能性を持っている。たとえば、私が今考えているのは、サスティナビリティを担保する学校をどうやってつくるかである。具体的には学校の中にインキュベーションオフィスをつくり、地域のいろんな大人の人たちが出入りする、そんな空間にしてもおもしろいかもしれない。前述の京都の番組小学校などは、その側面があったともいえるだろう。さらに、学校のカリキュラムもいろいろな人たちで作ることもできるのではないか。極端に言えば、先生はレクチャラーというよりも、ファシリテーターになることでもいいだろう。

手段としても、今は「オフラインVSオンライン」と、さながら対立する方法のように捉えられているが、20年後にはもうオンラインとオフラインのミックスは当たり前になっているだろうから、今後に向けて、いろいろ試してみればいいのだ。それは学習面でも経営面でも一緒。そもそも20年～30年後を見据えて動くのが教育のはずなのに、目の前の問題解決ばかりに目が行きがちになってしまっている傾向があるだろう。20年前を思い出していただきたい。スマートフォンもタブレットもなかったのだ。

今は過渡期であるから、先を見据えて、生徒と一緒にいろいろ楽しんでやってみるといいのではないだろうか。勇気と楽しみとワクワクと。失敗を恐れず、それでやってみてはどうだろうか。

2

常に「理念」を共有し、「未来」を拓く
——主体的に学校を変えていくために

吉野　明（大妻多摩中学高等学校アドバイザー／鷗友教育研究所研究員／前鷗友学園女子中学高等学校長）

●非認知能力の育成でまるごと一人の人間を育てる教育へ

これまでの「学習指導要領」が目指してきた力は「学力の3要素」で、認知能力すなわちテストで測ることができる「知識・技能」「思考力・判断力・表現力等」が中心、「主体性・多様性・協働性」はその手段であった。それに対して新「学習指導要領」で目指す力は変化する社会に対応できる人材を育成するための「資質・能力の3つの柱」とされ、「知識・理解」「思考力・表現力・判断力等」と共に、変化する社会に対応できる人材を育成するために「学びに向かう力・人間性等」と表現されたテストでは測ることができない非認知能力も伸ばすことが明記された。これからの学校は「学力」だけを伸ばすところではなく、ひとが持っているすべての「資質・能力」すなわちコンピテンシーを伸ばすところであることが示されたのである。

ポール・タフは、『私たちは子どもに何ができるのか』（英治出版）で、アフリカ系アメリカ人の

貧困家庭の多くの子どもの態度が悪かったり、モチベーションが低かったりするのは、幼少期に安定した人間関係のない環境で育ったためである。その子どもたちに対し、「このクラスで歓迎され、価値を認められている」という「帰属意識」と、「簡単ではなかったが、私はこれをやり遂げた」という「自己効力感」を認識させる声かけを教師が行うと、それが中等教育になってからであっても非認知能力が高まり、最終的には認知能力を伸ばすことができると言っている。

また、前京都大学教授、現桐蔭学園理事長の溝上慎一氏と河合塾教育研究開発本部が実施してきた「学校と社会をつなぐ調査」（通称「10年トランジション調査」）によれば、社会に出て活躍する人材は非認知能力が高く、非認知能力が高い人材を育てようとすれば、大学生になってからでは間に合わない、高校生までの間に育てておくことが必要であるという。

さらに、ＯＥＣＤの『社会情動的スキル』（明石書店）によれば、高い非認知能力を持つと認知能力は高くなるが、認知能力が高くても非認知能力が高くなるとは限らないという。

これからの中・高生の教育には、「学力」だけではなく、すべての「資質・能力」を高めることが求められているのである。私は46年間勤めた鷗友学園での経験から、すべての「資質・能力」を高めるためには、教科・教師中心主義から生徒・学習者中心主義への転換を図ること、学力だけではない多様な評価軸を導入し、認知能力だけの教科課程だけではなく、メタ認知をベースにした非認知能力を高める教育課程をカリキュラム・マネジメントによって作成すること、そして、あたま（知性）だけではなく、こころ（感性、精神性）、からだ（身体性）も含めたまるごと一人の人間を育てる教育を目指すことなどが必要であると考えている。

生徒の心の声を受けとめるために、相手は「まるごと一人」の意識を持とう

私が教員になった1974年当時の「学習指導要領」は、能力主義が強化された〝現代化カリキュラム〟で、OECD教育調査団から「15歳の春で人生が決まる学歴社会」と評されていた。

授業では民主主義だ、自由で平等だと教えていながら、社会にも学校にも、戦前からの男性中心社会の上下関係がそのまま残り、高度経済成長の中で、縦社会の男性の論理が強化されてきていた。家庭でも、核家族化と少子化が進み、親は子どもに勉強をさせ、良い点を取らせ、良い大学に入れなければという強迫観念に駆られ、子どもたちはがんじがらめになっていた。こうして、集団の中で生徒を管理する学校、学校に行くのは当たり前という世間の意識などにより、学校にも、家庭にも子どもたちの居場所がなくなっていた。

1982年、進路指導係から、進路指導室に教育相談室を併設する案が出てきた。高校生に対して進路指導をやろうにも、学びに対するモチベーションが低く、なぜ学ぶのか、なぜ働くのかを考えたことがない生徒も多く、生徒一人ひとりがまず自己と向き合い、自分のあり方から考えなければ、将来の進路を考えるところまでたどり着かなかったからである。

教員の側にも問題があった。たとえば、不登校気味になり、朝、起きられずに遅刻してきた生徒に対し、「遅刻するな」「欠席が続くと留年するぞ」など、規則を守れば良い、勉強さえすれば良い

という指導しかしていなかった。また、「熱もないのにさぼっているんじゃない」と保健室から追い出したり、カウンセリングに対しても甘やかすだけだと批判したりと、精神的な問題が身体に影響することを無視した対応が多かった。

そこで、教員にカウンセリング講習会への参加を勧め、臨床心理学などの専門家を招いた教員研修会を繰り返し開いた。核家族化、少子化で親の価値観がそのまま子どもに押しつけられ、親の過保護・過干渉・放任などが原因で自立できず、アイデンティティを確立できないケースが増えてきた。単身赴任や離婚の増加、親自身が受けた虐待、過保護、過干渉をそのまま子どもに「返して」いるケースも多いなどということが専門家の話の中心であった。

このようにして、生徒が勉強に気持ちが向かない背景に家庭の問題もあるということを教員に理解してもらい、1985年4月に、週に一度ではあったが、保健室と連携した学校教育相談が始まった。

生徒に自己肯定感をもたせ、多様化する社会で活躍するために

一方、進路指導係でも、「アイデンティティの確立を援助する」というスローガンを掲げ、6年間を通したキャリア教育への転換をめざした。まず、中学1年生の夏休みに「自分史」を課題とし、自分を知り、社会を知り、社会の中で活躍する自分をイメージする6年間という学年テーマ学習の流れを作った。設定されたテーマを各自で調べ、講演などを聞き、中学2年生でボランティア、中

学3年生で職場体験などの体験学習を実施、社会の問題点を発見しまとめて発表、討論するなど、さまざまなワークをホームルームで実施した。

また、まとめや感想などを記録する「ポートフォリオ」にあたる「ホームルームノート」を学年ごとに作成し、活用してきた。さらに、慶應義塾大学湘南藤沢キャンパス（SFC）で始まったAO入試の全16ページにわたる「志望理由書」を4ページにまとめ、高校2年生の最後に全員に課し、どの大学を受験するにしても、志望理由を明確にするよう求めた。これらを通して、自己肯定感などの基礎となるメタ認知を高めることができた。

1990年前後、冷戦構造の崩壊と共に「多様化」の時代となった。変化する世界で、価値観の違うさまざまな人たちと対等に活躍できる人材を育てようと思ったら、知識を暗記する勉強だけではなく、「多面的・総合的」な学びがますます重要になっていくと考えた。「入試は学校の顔」であるということで、それまでの各教科での実践を総動員して、1994年に「四科総合入試」の実施を発表、翌年から2年間実施した。

「多面的・総合的」というのは、第一に、現実の社会では私たちは科目ごとの知識をばらばらに

使うわけではなく、科目の壁を取り払い、自分の持っているあらゆる知識や手法を総動員して問題解決に当たるということである。第二に、これまでの私たちは知識と技能に頼ってきたが、これから必要とされる能力は、情報の受容・分析、論理的な思考・判断、創造的な構成・表現などの総合力になるということである。第三に、このテストは知識を覚えるだけではなく、個々の可能性を引き出し、様々な能力を伸ばす鷗友の教育そのものであるということである。その後、1997年から始めた四科入試も、この考え方を踏襲している。

既成概念にとらわれず、やりたいこと・やるべきことができる組織とは

ここまで紹介してきた取り組みは、2020年の現在から見れば、決して目新しいものではないが、当時としては先進的な事例として注目されることもあった。ただ、体験学習の受け入れ先の理解を得るのは大変であったし、知識力を問わない四科総合入試は塾の先生方の理解を得にくかった。もちろん学内でも、管理職と予算折衝し、現場の教員の賛同を得、受ける生徒や保護者への説明など、決してすべてがスムーズに運んだわけではない。しかし、変化する社会の中で、社会に開かれた学校であるためには、外圧によって変えられるのではなく、教員が自ら学び、主体的に変わっていくべきと考えてやってきた。当時、教員（校長ではない）が変わると、学校が変わると言われたものである。

振り返ってみれば、そのポイントは大きく以下の3点となる。

1 学校の歴史・原点に立ち返ることで、中空構造・現場主義が生きる

以前は「鷗友」を「おうゆう」と読んでもらえないことも多かった。そんな状況で、少子化に向かって受験生が減少していくことに危機感を抱いた私たちは、1986年前後から当時の校長を中心に、見失われかけていた建学の理念の現在化・顕在化をすることによる「改革」を行ってきた。

当時の校長の原稿には、管理教育を批判、人を頭だけではなく心も体もトータルに捉えるべきこと、学びは一方的に教えられるものではなく、引き出され、表出し、物語り、対話の中で創られていくものであること、「まず肯定から始めよう」とありのままの自分を「それでよい」と認めることから始めること、「あれか・これか」迷ったら「自由」を選ぶべきこと、戦争に向かう動きや平和を壊す動きには断固反対すべきことなどが書かれている。

学校を知ってもらうためには、受験に特化して進学実績を上げる手はある。しかし私たちは、「自由と表出」を合い言葉に、educationの語源と言われる能力を「引き出す」ことに注力にしよう。〈知性〉だけではなく、〈感性〉も、〈精神性〉も〈身体性〉もトータルにバランス良く一人の人間として成長させることをめざそう、理想を目指す教育をしていけば、きっとその中で生徒が活き活きと成長し、「良い学校」と言われるようになると考えた。

校長は、〝理念に沿った目標さえ打ち出せば、細かく具体的に指示しなくても、先生方が教科で、学年で、分掌で、互いに議論しながら、いろいろなことを実践していくだろう〟（「わいがや主義」）、〝最後の責任は私が持つから、どうぞいろいろやってみてください〟（「中空構造」）と、ホンダの

創業者、本田宗一郎氏の言葉も使って現場の活性化を促した。

私たちは、教科、学年、分掌それぞれの役割の中で、そのかみ砕かれた理念をどのように具体化するかを絶えず考えながら仕事をした。3日に1回の席替えも、自主運営による運動会も、理科や社会の「暗記でない」授業や英語のオールイングリッシュの授業も、最近のアサーショントレーニングも、すべて現場から生まれてきたものである。

2 一つの分掌に閉じこもらず、アメーバのように触手を伸ばして組織を動かす

最近の学校では、分掌は原則として一人一つ、分掌内で分担した業務を毎年こなしていくというケースが多い。見通しを立てながら慣れた仕事ができるので、効率がよく、間違いはない。毎年引きついだり、新人に教えたりということをしない方が楽でもある。しかし、「例年同様」というルーティンになり、周囲の情勢が変わっても分断された個別の仕事をしていると全体が見えない、人脈も広がらない。専門性を持った担当者の発言に対してはよくわからないから異論が出ず、前任者も遠慮して異議を差し挟まないということが多くなる。

私は長いこと、入試広報と進路指導の長を兼任していた。入り口から出口まで、一貫して生徒の成長を追うことができたこと、校内外でさまざまな人脈ができ、井の中の蛙にならなくてすんだことなど、さまざまなメリットがあった。現在の学校環境の中でこの2つの長の兼任はお勧めできないが、分掌間の隙間にある問題を発見し、違う立場から意見が言える状況をつくること、オフサイトで情報を交換しながら、分掌外の意見を取り入れていくことなど、縦割りの分掌を超えた議論が

できる環境を作ることは必要ではないだろうか。さまざまなメンバーを集めたプロジェクト・チームも、有効な場合が多いであろう。

また、学校では、「管理職は／学校は何を考えている」「先生方は経営がわかっていない」という話をよく聞く。全体を見てマネジメントしている経営の「言葉」と、生徒を相手にして日常の業務をこなしている現場の「言葉」は、どうしてもすれ違うのは致し方ない。現場の一つ一つの具体的な問題を全体の問題に「翻訳」して経営へ、経営の一般的な大きな方向性を個別の問題に「翻訳」して現場へ伝える役割を果たすのがミドルリーダーである。

ミドルリーダーがプレイングマネージャーとして、一定のキャリアを活かして汎用性の高い実務をこなし、縦割りになりがちな組織を横につなぎ、とかく離れがちになる経営と現場の間の潤滑油として動けることが、改革をスムーズに展開するポイントになる。

3 外部のリソースを目の前の生徒のためにパーソナライズして利用する

改革の過程の1990年代半ば、教員から「今やっていることは、生徒のためになるのだろうか」という疑問の声が出てきたことがあった。そこで、新学習指導要領に向けてベネッセが開発していたスタディ・サポートが、学力以外の面も評価するものであることを知り、その基準を作るためのデータ収集の段階から参加した。データから何らかの「意味」を見つけようと、営業担当者の協力も得て、他校と比較しながら一緒にデータを分析、アドバイスをもらった。出てきたデータを教員会議で示すと、自分を大切にし、周囲を大切にしながらともに成長している生徒の頑張りを私たちが後押ししていることが客観的に示され、共有することができた。教員の中にあった漠然とした不安が解消され、一致して行動できるようになったのである。

２０１４年からはじめたアサーショントレーニングも、専門家に依頼して実施している。中学１・２年生で各5回ずつ、クラスごとに専門家に入ってもらい、全体会も入れると全部で12回のプログラムを組んでいる。専門家の一人がたまたま卒業生だったこともあり、養護教諭、カウンセラー、該当学年の担任が何度も話し合いながら、鷗友学園の今の生徒に適合する独自のプログラムを長時間かけて作り、毎年のように改訂しながら実施している。

その他にも、前に挙げた臨床心理学などの専門家だけでなく、さまざまな異業種の方に研修会の講師をお願いした。外部から評価してもらい、自分たちが気づけない点を客観的に指摘していただくこと、教員としては専門外の業務を外部の方との連携で実施していくことは、閉鎖的になりがちな学校の組織を活性化するときには大いに役立つ。校内だけにいると見えないことも多い。同僚間で言いにくいこともある。さらに忙しくなる現場では、社会に開かれた学校という観点からも求められるはずである。

ただし、お仕着せの全国一律のプログラムをそのまま「購入」するのではなく、こちらの実情を開示しながら、多少の経費がかかっても独自のプログラム、独自の分析をするよう、交渉すべきであると考える。

「私たちはこういう世界をめざします。一緒に変えていきましょう」

新しいことを導入するに当たって何よりも大切なことは、それを直接受ける生徒、そして保護者の理解を得ること、さらに共感・協働できるようにしていくことであろう。

1980年代、独自のカリキュラムを組み、プリント教材をテキスト化して授業をしていることに対して、「なぜ他の学校と同じように、全国の高校生が学ぶ教科書を教えないのか。テストも決まった答えのない問題が多く、覚えることが少なくて勉強した感じがしない。大事なことを教わっていないのではないかと不安だ」と生徒から言われたことがあった。

キャリア教育を始めた頃にも、保護者からは「大学受験のために他校では徹底した先取り学習とテストを繰り返しているのに、こんな遊びみたいなことをやらせていてよいのか。そんな時間があったら英語や数学の時間に回してもらえないか」という意見をいただいたこともあった。

こうした声は、放っておけば学校に対する不信感につながってしまう。そこで、受験生と保護者対象の学校説明会の内容を、学校の理念の説明と、そのためにやっていることを理解してもらうことに重点を置くようにした。大学合格実績はプレゼンの中に入れず、一時は「もし、大学に進学するために中学を選ぶのでしたら、うちはふさわしくありません。どうぞ他の学校を選んでください」とまで言ったこともあった。

入学後も、式典では建学の精神を繰り返し刷り込み、校内報で読んでもらった。保護者会にも臨床心理学などの専門家を招き、中高の6年間は子どもたちが一番変化・成長する時期で、勉強をする前に大切なことがたくさんあることを理解してもらうようにした。あるいは、それらを身につけることができれば、自ら学びに向かうようになること、また、点数を取ることがよいことという考えから離れることが大切であることなども、同時に考えてもらうようにした。

生徒に対しても、合同ホームルームなどにおける講話で、鷗友学園の6年間は全国一律の教育ではなく、独自のプログラムでやっていること、教室は失敗してもいい場所であること、「違い」は間違いではないことなどを学年や教科の立場から伝えている。

また、教員採用のための説明会を年1回開催し、教員を志望する学生、転職を希望する教員に対して、鷗友学園の教育に賛同される方は是非応募してほしいとアピールしている。

私たちは、学校の理念にもとづいた理想を追求し、主体的に学校を変えていくことが「未来」を拓く力になると信じてきた。さらに変化していくこれからの社会では、新しい取り組みが次々に学校に求められる。しかし、どんなに良いことをやっていても、思い込みだけで突き進んだり、よいことをやっているのだからついてきなさいと上から目線だったりすると、その改革は長続きしないだろう。教員の働き方改革にも目を配りながら、保護者が、そして何よりも生徒が、改革の方向に共感し、教員と共に新しい教育を、そして新しい社会を共に創り出す主体となり、積極的にその役割を担いたいと思える改革を目指すべきである。

3

「未来形の学び」の落とし穴と「未来を創る学び」への視点

石井　英真（京都大学大学院教育学研究科准教授）

今、授業、そして学校のあり方が揺れている。これまでの高校教育は、生徒たちの今この時の充実よりも、卒業のために決められた内容をこなすこと、あるいは、近い将来の受験などの進路実現に重きが置かれがちであった。これに対して、生徒たちが主体的に学び、今を充実させること、さらには、未来社会の創り手となれるよう、社会に開かれた学びを展開することは重要である。しかし、「改革のための改革」に陥りがちな状況下で、また、その流れに乗って、必ずしも教育を専門としない人たちが、教育臭くなく、わかりやすい耳あたりのよい言葉で、学校や授業の当たり前にメスを入れる語りを展開している状況下で、新しい言葉とツールに彩られた「未来形の学び」に無批判に飛びつくのは危うい。「学校の当たり前」をやめることで「教育の当たり前」まで崩してはいないか。「未来形の学び」が、大人たちの考える都合のよい未来社会への効率的な囲い込みに陥っていないか。この小論では、ヒトが文化や世界と出会い人間らしく育っていくことを助成する「教育」という営みの本質に照らして、真に「未来を創る学び」を構想する上での視点について述べたい。

「未来形の学び」のイメージ

グローバル社会、知識基盤社会、Society5.0などの言葉で社会や学校の変化の必要性が叫ばれ、変化の激しい現代社会では、正解のない問題に取り組んだり、新しい価値を創造したりする力が重要であるという語りが繰り返されている。知識の習得にとどまらず、それを活用して、他者と協働しながら問題を発見したり解決したりすることが強調され、学習者主体の授業への転換が主張されてきた。さらに、人間を超えるAIの可能性が示される中で、また、このコロナ禍を経て、みんなが一斉に学ぶこと、人間の教師に教わること、学校に来て学ぶことの意味すら問い直されている。

知識は検索すれば容易に手に入るし、それは個別最適化されたAIドリルを使えば、個々人のペースで効率的に学ぶことができる。知識の習得は効率化して、その分、考える力やコミュニケーション能力や粘り強さなどの様々なスキルを育てる探究的な学びに時間を割くべきで、ブレンディッド学習やAIドリルで効率化した教科の学習は午前中だけにして、午後は各人が、学校外の場やネットワークとつながったりしながら、自由に体験や探究を進めればよい。そうして学校をスマート化すれば、教師の働き方改革にもつながるし、ICTをフル活用したデジタル化された学びにシフトすることで、学校という集団や空間や時間に縛られるわずらわしさもなくなる。さらに、デジタル化すればするほどデータも蓄積され、それが生徒たち一人ひとりのニーズに応じた学習プログラムや時間割やカリキュラムを提案してくれる。企業はすでに、創造的なアイデア勝負になっているし、個々人のニーズに応じるサービスが重視されているし、ジョブ型雇用やテレワークへの移行も進んでいるんだから、それに合わせて、知識習得の重み、一斉授業という形態、登校を前提とした教育など、学校の当たり前も問い直さないと、学校だけが「未来」に乗り遅れてしまう。

こうして改革が煽られる中、内容においても学び方においても社会とシームレスで、最新技術や目新しいツールを使ったスマートな「未来形の学び」は、真に「未来を創る学び」になるのだろうか。まずは、「未来形の学び」を直接的にねらおうとする発想の落とし穴について指摘しておこう。

●パッケージ化された「未来形の学び」という落とし穴

この間、1990年代から2000年代にかけて、「新しい学力観」「総合的な学習の時間」「活用する力」「資質・能力」と、考える力や主体性を重視する方向で、教育改革は続けられてきた。いまどき小・中学校の教科書も内容の解説書的なものから、考えるための問いがあったり、子どもたちのやりとりを例示する吹き出しがあったりと活動重視である。それなのになぜ日本の子どもたちは学習意欲が低く、自由記述の白紙答案も多いのか。こうした課題が学力調査でも指摘され続け、人々の実感としても指示待ち傾向や物事を深く考えることの弱さが叫ばれ続けているのはなぜだろうか。

ここには、学校教育だけではない学校外の人を育てる場と機能の弱体化も大きく関係していると思われるが、「改革」圧力のなかで、「新たな挑戦」といわれるものが、一見効率的に見えて、実は効果的ではない方向で展開される傾向が強まっていることも一因だと考えられる。たとえば、コンピテンシーやアクティブ・ラーニングが強調されるなか、知識（基礎）は詰め込んだうえで、応用場面はアクティブにするという段階論が、政策文書や教育現場、あるいは一般ジャーナリズム等の語りにおいてしばしば見られる。しかし、それは実践的にも認知についての科学的研究の面でも問い直されてきたものである。こうした段階論は、機械的に詰め込まれうるものとして、知識を情報化し、個別に取り出して直接的に訓練可能なものとして思考をスキル化するものと言える。

しかし、知識を習得することは、コンピュータのように、断片化された情報をただ入力しておけばよいというものではない。学習者自身が、自らの生活経験や背景知識と新しく学ぶ内容とを関連づけ意味を構成し、「なるほど、わかった！」と情動をも伴いながら納得（理解）してこそ、忘れない（記憶の保持：retention）し、応用もきく（転移：transfer）のである。さらに、人が力を発揮できるかどうかは、文脈（context）に大きく規定されており、文脈が違うと、もともと

もっている力を発揮できないし、学んだことも生かせない。学校での学習の文脈は生活の文脈とかけ離れすぎていて、学校の外では生きて働かない学校知学力を形成することになってしまっており、知識・技能やスキルを学ぶにしても、それらを生かす必然性や学びの有意味性を重視する必要がある。

習得的な学びといっても、機械的な習得と理解を伴う習得とは異なる。計算技能のような要素的で比較的単純な技能（解ける・できる）ならドリル学習で学べるが、それは、数の量感覚や概念の意味理解（わかる）を保障するものではない。むしろ計算が苦手な子の背後には、位取りの原理など、意味理解のつまずきが隠れていることが多い。その点への配慮なく、基礎はドリル学習だからＡＩ任せでもいいとしてしまえば、本当に学習に困難を抱える子を切り捨てかねない。また、基礎を固めてから応用という道筋だけでなく、知識・技能を使うことも含んだ有意味な活動に取り組むなかで、知識のわかり直しや学び直しや定着が促されたりするという点にも目を向ける必要がある。

思考する力を育てるには、深く思考することを繰り返すしかなく、そのためには、思考するに値する対象と思考する必然性を生み出すことが重要である。しかし、合理化やスマート化が進む今日、こうした回りくどさや手間を許容できず、結果を待てない傾向が強まっている。「概念マップでノートに思考を可視化しよう」「発想力を鍛えるために、常に『なぜ?』と問おう」などといった、お手軽で一見それらしく見える一種の勉強法的なものが、言葉や装いだけ変えて次々と提案されては消費されていく、こんなことが繰り返されている。

考える力や主体性など、人間の根っこにかかわる部分こそ手間暇が必要だが、それが合理的な介入の対象とされ、一見便利にパッケージ化されることで、合理化されていない余白がなくなり、生徒たちは自分で学んだり考えたりするチャンスを失っている。その結果、皮肉なことに、生きて働かない思考力になってしまったり、正解やレールのないところで思考する経験の不足により、「与えられたことはやる」という規格化された主体性につながったりしているのではないだろうか。

学びをスマート化することの落とし穴

「未来形の学び」を語る上で、急激に進歩しているICTの教育への組み込みは重要なトピックである。しかし、多くの場合、教育における新しいテクノロジーの活用は、既存の内容や活動をいかに便利に効率的に遂行するかという方向で革新性を追求しがちで、活動の中身をよりダイナミックで豊かにするような方向性が十分に追求されているとは言えない。結果、一見きらびやかなテクノロジーの活用の裏で、最新のテクノロジーの応用のしやすさが優先され、教育の中身自体は機械化・貧困化していく事態が危惧される。さらには、スマホに子守をさせるように、個人端末のアプリのゲーム性に依存するようになると、中毒性が主体性と誤認されてしまう事態も危惧される。

仕事や作業の効率を上げるための便利さやスマートさを追求することよりも、教育的価値を高める上では、ホンモノの世界や研究や活動のように、より複合的で、割り切れなさやノイズを含んだ学習や活動にアクセスする機会を拡大する方向性で実装がなされる必要がある。たとえば、関数電卓を日常的に使いこなすようにするだけでも、扱える数値や計算の複雑性の幅は広がり、感染者数のシミュレーションなど、数学的に定式化されていないノイズを含んだ現実世界の問題をもっと扱えるようになる。問題演習の効率化ではなく、むしろ問題や活動の複雑化・リアル化を大事にするわけである。最新のテクノロジーよりも、ほどほどのハイテク感が学びを深めるうえではちょうどよかったりするのであって、教科の専門性とテクノロジーとを結びつけた教材開発が期待される。

また、パッケージ化されたプロジェクトをプレイするのではなく、ICTを通して、大人たちのコロナへの対応やそれをめぐる議論にアクセスし、さらには生徒の目線から自分たちの現状や意見を発信したりするなど、フラットに実際の社会の諸活動や議論、実際の人々（実践共同体）とつながっていくことで、現実を変えていく最前線の活動に参加することも可能になる。科学的リサーチやプログラムのデザインといった、学びのSTEAM化で強調されがちな、産業界のニーズに合うパッケージ化しやすい活動のみならず、それ以上に、自分たちの地域などで行われている市民的、社会的な活動とつながり、生身の人間やリアルな社会との関わりがもたらす煩わしさや割り切れなさをも経験することを通して、地に足の着いた認識や切実な関心や視座の高さが育っていく。

現実世界の真正の活動の多くには、最新のテクノロジーやメディアの活用も自然な形で組み込まれているものである。電子黒板、タブレットといった機械が教師の指導や生徒の学びをどうスマートに便利にできるのかということ以上に、デジタルメディアが世界や社会や仕事や生活のあり様や人々の発想にもたらしている革命的な変化のリアル（可能性とリスクの両面）をどう生徒たちに経験させるか、まさに学校の学習の真正性の追求という観点から考えることで、テクノロジーの活用は、効率性、個別性、私事性と結びついた教育の機械化ではなく、学校の学習の文化性、共同性、公共性の再構築につなげることもできるだろう。消費社会的でプライベートなデジタル環境ではなく、職業人や専門家がアクセスしているような、生徒たちの日常生活ではふれる機会の少ない、知的で文化的でパブリックなデジタル環境をこそ学校において保障し、デジタルメディアとのより成熟した付き合い方を学ぶことが大切である。

より人間的な未来社会への自由を狭めないために

「未来形の学び」の強調は、多くの場合、国際競争において日本経済が後れをとらないためにという人材育成や経済発展への社会的要求を背景にしている。しかし、そもそも学校教育は、産業界の人材育成（社会の都合）のためのみにあるのではなく、社会のなかで自分らしくよりよく生きていく自立した個人を育てるための場であり、生徒が人間らしく成長・発達していく権利を保障するための場であって、ビジネス的価値観や職業への準備性（雇用可能性〈employability〉）が前面にでてくることに対しては、違和感のある人も多いだろう。

確かに、日本の学校は、働くこと（ひいては社会人として生きること）について学び考えることなど、教育内容の職業的意義が考慮されてこなかったのも事実である。まさに社会的自立や一人前にしていくという観点から、高等教育や中等教育においては、自分たちの足元で生じている「変化する社会のリアル」に目を向けさせ、実際に社会の活動に参加したりもしながら、労働者として、さらには市民として、一人の個人として、どう生きるかを考えることがもっとなされてよい。

その一方で、幼稚園、小学校からタブレットを無批判に与えたり、グループワークやプレゼンの仕方を教えたりして、小さなビジネスマンのような表面的なスキルの形成になってしまうことには注意が必要である。人間としての精神・身体機能や社会的関係の素地が形成される子ども期においては、たとえば、タブレット端末の活用などについても、大人に対して以上に、健康上・発達上のリスクや適切性を考慮する必要があるし、いまの時代に役立つ（逆に言えば、すぐに役立たなくなる）スキルよりも、人間性の基盤となる言葉の力や認識の力などにこそ注目し、それを体験的に、ときには静かに手間をかけながら育てていくことをまずは大切にすべきである。

さらに言うと、知識・情報・データが爆発的に生み出されている状況下で、しかも、必要な知識・情報はネット上で誰もがアクセスできるといった状況だからこそ、知識の習得を軽視するのではなく、むしろより普遍性をもった骨太の知識（文化・教養）を学ぶことの意味にも目を向ける必要がある。大量の情報（その多くは自分の求める範囲や思考の枠内に収まるもの）に埋もれず価値ある情報を選び出すために、あるいは、ネット通販サイトに典型的にみられるように、個別最適化された情報提示によりもともとの好みや志向性にあった物や情報や人との出会いが強化されがちな状況下で、自分の視野の外部にある「他者」との出会いを生み出すために、また、活動的で協働的な学びを通して深める価値のある内容を絞り込むためにも、専門家コミュニティでの議論と検証を経た、あるいは論争過程の、世界認識の枠組みの核となりうる内容（議論の厚みのある知識）を軸に、学校で学ぶ知識内容やカリキュラムを構想していくことが求められる。

より合理的で自由な社会をめざした先に、個別化・流動化・フラット化・標準化などが進んでおり、そうした再帰性の高まった現在の後期近代的状況においては、それぞれの社会システム内での閉じたループが加速度的に展開することで効率性追求が自己目的化し、知の断片化や社会の分断が進み、非人間的な社会や教育に向かいがちである。他方、こうした価値観を根底から問い直し、文化性（回り道や遊びや美的なもの）、共同性（つながりや分かち合い）、公共性（対話や共生）等を大事にする、人間的な社会や教育につながる契機も見出すことができる。すべてがスマート化され、人間と機械が融合する未来に進むかどうか、それが真に人間にとって幸せなことなのか、それ自体が論争的である。際限なき経済発展と競争をもたらすグローバル経済といった既存の社会を相対化し、それに代わる社会のあり方を構想していくような、未来の可能性の複数性を認識することが、大人たちにとっても生徒たちにとっても、今必要である。

経済成長に寄与する人材育成にしても、社会を形成し世界を創っていく市民育成にしても、「チェンジメーカー」や「エイジェンシー」など、アクティブで活動的な主体性が強調される傾向があるし、「学びの責任」は生徒が負う、「自走する」といった言い回しもしばしば耳にする。しかし、立ち止まるべきところで立ち止まって、そもそも社会の流れが本当にそれでよいのかを対象化した

り、自らの枠や視野を対象化しその外部の可能性を吟味したりする知性なくして、活動的な主体の強調は危ういし、生徒が「社会への責任」を意識化する経験は重要だとしても、学ぶ権利の保障という、大人たちや社会の側の子どもたちへの責任を軽視する自己責任論に陥ってはならない。

　人間の時間を超えて加速していく社会の変化に対して、コロナ禍は、ヒトとしての自然の時間、自然とほどほどのところで調和していく人間らしい文化的な生活の時間を取り戻すことの必要性を提起している側面もある。ＡＩの進歩が「人間らしさ」をゆさぶる中、「人間的であるとはどういうことか」という問いが切実性を帯びており、人材育成にも市民形成にも解消されない「人間教育」への視点が重要である。価値や規範や社会構想を対象化する、人文学・社会科学における「議論の厚みのある知識」に触れ、生徒たちの足下の現実・生活と関連づけながらそうした知を他者とともに学び深め、成熟した「社会派」な生徒を育てていくことが重視されるべきだろう。

「未来を創る学び」へ

合理化や効率化は社会全体を覆っている現象であって、人が成長する場や間や余白が失われていっている。いまや、変化の激しい社会に不安を感じる保護者たちは、安定を求めて、受験競争に有利な早期教育やパッケージ化された教育を求めがちである。しかしそれは、皮肉なことに、同じようなバックグラウンドの生徒や家庭同士のつながりを強めるばかりで、異質な他者と交わる経験の弱さにつながり、そして、学問は受験という競技の道具として、いわば筋トレの道具として学ばれがちで、大学に入った頃には学問を味わえなくなり、世の中への無関心も加速している。学校の外側の学びの場が学校以上に学校化して、スキルは形成しても人間的な成長を促せなくなっている。

変化が激しく予測不可能な社会と言われているが、変化のベクトルを把握し、ある程度の見通しを持つことはできる。変化の激しい社会だからこそ必要なのは、社会への関心であり、その社会との関係で自分のあり方を考えていく経験である。いまやマスコミもワイドショー化して、社会問題の見方や議論の仕方を学ぶ機会が少なくなっている中、成熟した大人（市民）に向けての教育を考えていくことがいま特に重要であり、そのためには、これまで日本で十分に展開されてこなかった、学校での市民性教育はもちろん、それ以上に、若者を巻き込みつつ、地域等で、職業体験や奉仕体験に止まらない、市民活動への参加や社会的な経験の機会を充実させていくことが必要だろう。

近年、それぞれの子どもたちの才能や個性を伸ばす、モノやアイデアを「使う」側から「創る」

側へといった志向性をもって、「探究」をうたう学校外の学びの場も生まれている。子どもたちの興味・関心を触発し広げ、何事かに夢中になったり凝ったりする経験を提供することは重要だとしても、多くの場合、そうした取り組みは、自分たちの足元の生活や社会に目を向け対象化するというよりも、個人の趣味的なこだわりの追究に閉じがちであるし、また、主体的な学びのように見えて、親や講師の巧みなプレゼン的提案による、大人にとって都合の良い個性や自由や社会への誘導という側面もあるように思われる。結果として、いわば「勝ち組」志向の家庭や子どもたちの価値観を強化し、それ以外の「他者」への関心や想像力を欠いた「閉じた自己」を強化することにならないよう注意が必要である。社会の分断状況を主題化する視点が今重要である。

そうして学校外の生徒の生活環境や発達環境全体を、より人間的で真に学びを促すものにしていく努力を進める一方で、学校教育については、改めて学校の強みを確認していく作業が必要である。人材育成重視のコンピテンシーという発想や、学び方重視の汎用的スキルやアクティブ・ラーニングといった目新しいトレンドの追求は、教育の市場化や経済効率や便利さを追求する流れのなかに置かれるとき、人材育成という当初の目的すら達せられないだろう。

日常生活との連続線上に学校があるなら学校はいらないし、いまの社会に適応する実用的な学びのみでは、即戦力やただ生き延びる力にはなっても、伸び代のある真に実践的な力や、変化する社会をしたたかに生き抜きながら、人間らしく自分らしく豊かに生きていく力、社会をつくりかえていく可能性にはつながらない。実用や便利さや効率性の外部にある、手間や回り道の意味に注目してこそ、社会に踊らされない、人間としての軸が形成されるのである。

特に、社会の変化が、人間が育つ環境を崩す方向で作用している現状においては、社会の支配的な価値に対する逆価値を追求することも必要である。足元の具体的経験や生活から学び、そこで自分の視野の狭さに気づく経験、子どもだましでない嘘くさくないホンモノの面白さを経験しながら、ときに先達の追求の厚みに圧倒され、自らの非力を感じながら、力をつけていく経験、こうした「真正の学び（authentic learning）」には、挑戦や試行錯誤や失敗がつきものである。家庭や地域や社会が、教師や学校、そして生徒たちをもう少し信頼し、それぞれの挑戦を見守ることが肝要である。

そうして生徒たちが人間として成熟するにつれて、敷かれたレールをたどる指示待ち状態も克服されてくるだろうし、視座の高まりや人間的成長は、認識の深化をもたらし、結果として、進路保障にもつながるだろう。人が育つということのイメージが、短視眼的で表層的なスキル形成へと矮小化されるなかで、人とのつながりや場のなかでじわじわと、そしてときに劇的に生じる認識の転換や人間的成長にこそ目を向けることが必要である。

【参考文献】

・石井英真『未来の学校―ポストコロナの公教育のリデザイン』日本標準、2020年。

エピローグ1

自分の中の7777を一歩前に進む力に

山本　康二（未来科準備室／学校法人河合塾）

みなさん、「〇〇先生に出会えたことは、今の自分に影響を与えているな」と言える先生はいますか。小学校・中学校・高校を振り返っていかがですか。その先生のどこに、その様な気持ちを持っていますか。

私には、忘れられない先生がいる。中学2年の担任だった数学の先生だ。公立学校ならではの多様な生徒がいる中、一人ひとりの生徒に対して、しっかりと向き合ってくれたこと。他の教員がクラスの生徒のことを批判的に指摘しても、生徒側の視点で私たちに与してくれたこと。転校生の送別会や運動会などの運営が、自然にクラスのメンバーが意見を出し合いながら進んでいったこと。もちろん、自分は数学が大好きになった。今でいう学力の3要素の定着を、自然と実践していた授業・クラス運営だったのだろう。

私は、河合塾で職員として35年以上働いてきた。その中で、当たり前のことかもしれないが、生徒を中心に考えること、中学・高校と大学と社会（企業）のそれぞれが、生徒・学生の成長を願ってつながっていくことの大切さを感じることが幾度となくあった。個人的な考えではあるが、中高生に対する教育の場面で学びを深めるためには、実践家（先生）としての学校教員と、理論家（研究者）としての大学教員の両輪が、バランスよく関わり動くことによって、学校現場での教育がより生徒中心になると考える。河合塾は、その中で2つの輪をつなぐシャフトの役割を果たしてきていると思う。

話は少し前になるが、2017年3月「授業改善リーダーのためのアクティブラーニングサミット2017」[1]の会場での東北の公立高校校長の言葉が、衝撃的な印象として残っている。サミット内では、愛知県新城市「若者議会」で活躍する高校生や都内の高校生と参加者の大人たちが、「これからの理想的な高校のあり方」をテーマにワークショップを行っていた。参加した高校生の、主体的に動きながら対話を行う姿に感動していた自分の気持ちを、素直に「参加している生徒たちは凄いですね」とその校長に話したときだった。「それは少し違うな。高校生はみんな、今日の生徒と同じような力を持っている。でも、学校での教育が生徒たちの翼をもぎ取っているのですよ」と。生徒の中には、決められたレールの上を走ることに安定感をもち、心地よいと思う人もいる。しかしながら、自分で決めて前に進んで行くことを求めて、楽しむ人もいるのである。つい最近までの学校教育では、レールを先に敷いたり、枠を先に被せたりし過ぎていたのかもしれない。

また、私が最近関わってきた仕事から、未来を考えさせられることが多くなった。例えば、「学校と社会をつなぐ調査（10年トランジション調査）[2]」では、生徒・学生の学びや日常生活の過ごし方に関して、将来（future life）と現在（present life）の2つのライフの視点から考えることが非常に重要であることを再確認した。中高生向け「未来研究プログラム[3]」では、未来に向けて物事の決め方を学ぶことが、いかに大切であるかを感じた。

本書は、企画メンバー二井豪（学事出版・編集担当というよりは企画メンバーとして参加）と山本尚毅（河合塾）と私の3人で、もし学校で「未来」という授業があったら……と妄想を語りながら、今回ご執筆いただいた19人の方々にお声掛けして制作することができた。教育関係の書籍では、なかなかお目にかかれない方々にもご協力がいただけた。様々な立場の方々が、中学・高校の先生方を中心とする読者に、今考えていることを少しでも伝えたいといったお気持ちをいただけたことにも、この場を借りて感謝申し上げたい。

マニュアル本を作成したいと思ったわけではない。生徒の前に立つ先生一人ひとりが、レールの上だけを走ることや、「これはダメ・あれはいい」といった枠の中だけにいることから少し距離を置いて、「生徒のためにこんな授業をやってみよう」「やってもいいのだ」といった、気付きにしていただければと思う。教育の力は無限大。先生自身がワクワクすることを始めることから、「未来」は始まると思う。

最後に、次のデータをご紹介しておきたい。「幸福感と自己決定[4]」に関して独立行政法人経済産業研究所が行った調査である。主観的幸福感を決定する要因の重要度は、学歴・世帯年収額・自己決定指標の3つの中では、断トツで「自己決定指標」となっているというのだ。教育の場面でも、「自己決定」を育てることに取り組むことが大切だというメッセージにも聞こえる。

「学びの地図」ともいわれる学習指導要領。これまでも新しい時代に求められる学びが加えられ、新たな教科・科目が誕生してきた。もしかしたら10年後の次の改訂時には、「中高の教科に未来科誕生」といったニュースが流れるかもしれない。

もし「未来」という教科があったなら。あなたなら、何をしてみますか。そして、生徒はその教科から、何を感じ、学ぶのでしょうか。やっぱり先生の仕事は、AIには任せられませんよね。

【注】

1 主催：東京大学大学総合教育研究センター・一般財団法人日本教育研究イノベーションセンター（JCERI）、協力：学校法人河合塾で実施していた調査報告会。

2 2013年度から10年間にわたって、高校2年生約6万人の成長を追跡する調査。京都大学高等教育研究開発推進センターと河合塾で共催。調査の企画・分析者の溝上慎一氏が桐蔭学園へ異動したことで、2018年9月からは溝上氏と河合塾との共同で継続して実施している（https://be-a-learner.com/5296/）。

3 「中高生と未来をもっと身近にする探究学習プログラム」（https://www.kawaijuku.jp/jp/research/future/）。

4 西村和雄氏（神戸大学経済経営研究所教授・経済産業研究所FF）・八木匡氏（同志社大学経済学部教授）による2018年2月調査。20歳以上70歳未満約2万人で分析。ディスカッション・ペーパーが公開されている（https://www.rieti.go.jp/jp/publications/dp/18j026.pdf）。

エピローグ2

本書刊行の経緯

二井　豪（未来科準備室／「月刊高校教育」編集担当）

本書は河合塾と「月刊高校教育」編集部の共同企画となる一冊である。といっても、組織と組織で合同して作ったものではない。河合塾で中高生や大学生の教育に関わる山本康二氏、山本尚毅氏と高校教育を担当する筆者が出会い、議論を重ねる（本当に何度も）中でできあがった一冊である。「未来科準備室」という研究会名義で出版するのも、そうした面を強調したかったからである。

こうした試み自体が、一つの「未来」の在り方を提示できたと個人的には思っている。つまり、組織の枠組みをそれぞれの寄る辺、プラットフォームとしつつも、動くのはあくまで個人という考え方である（最近は珍しくなくなってきているのかもしれないが）。予備校／塾・出版という仕事の特殊性かもしれないし、大きな組織の中でこうした企画の合意を取り付けた山本康二氏のご尽力、塾内に留まらず、様々な世界とつながって活動をしている山本尚毅氏の行動力があって実現した、希なケースであることは間違いないが、個人的にはこうした仕事を増やしたいと考えるきっかけとなった。

さて、本書の様々なねらいはプロローグ等でご確認いただきたいが、筆者から一点強調しておきたいのは、なるべく学校外・教育を専門としていない方々にも寄稿いただいた点である。ともすると教育の世界だけで教育を語ってしまいがちだが、特に未来（論）については学校外の方が議論が進んでいる面もあろう。もちろん、無批判にそれら受け入れたり、教育に応用するということではない。しかし、もし「未来」という教科があったならば、外の世界での未来の語られ方は知っておく必要があるだろう。コロナ対応もあり多忙を極める先生方に、少しでも教育や教科のこと以外にも触れていただく機会になれば幸いである。

「未来」とは何か。この間、3人で散々議論してきたが答えは出ない。ただし、一つだけ合意できたことは、「バラ色」「成長」「発展」をキーワードとした「大文字の未来」ではないし、誰かに押しつけられたり、流されたりしてイメージさせられた未来でもないということだ。情報は収集し、各種の動向も見極めながら、自分たちで先のことを決めていく。そうしたことが、「未来を考えること」や「未来という視点を取り入れること」につながるのではないかと考えている。

そして、本書はあくまで「序」と位置づけている。本丸は「本当に「未来」という教科（科目）があったら、あなたはどんな授業をしますか？」という問いへの答えである実践を集めた、授業事例集になるだろう。また3人で「準備室」に集まり、企画したい。

執筆者一覧（執筆順）

Part1-1
広井 良典（京都大学こころの未来研究センター教授）

Part1-2
佐宗 邦威（株式会社BIOTOPE代表）

Part1-3
石黒 浩（大阪大学大学院基礎工学研究科教授）

Part2-1
前田 健志（合同会社 楽しい学校コンサルタントSecond代表）

Part2-2
望月 未希（東京都立王子総合高等学校主幹教諭）

Part2-3
市川 力（一般社団法人みつかる＋わかる代表理事）

Part2-4
飯野 均（聖心学園中等教育学校教諭）

Part2-5
米田 謙三（関西学院千里国際中等部・高等部教諭）

Part2-6
中川 隆義（株式会社みずほ銀行名古屋中央法人部長）

Part2-7
船越 日出映（香蘭女学校中等科・高等科教頭）

Part2-8
山口 大輔（学校法人河合塾アセスメント事業推進部）

Part2-9
太田 環（日本イノベーション教育ネットワーク（協力OECD））

Part3-1
日野田 直彦（武蔵野大学中学・高等学校長／武蔵野大学付属千代田高等学院校長）

Part3-2
吉野 明（大妻多摩中学高等学校アドバイザー／鷗友教育研究所研究員／前鷗友学園女子中学高等学校長）

Part3-3
石井 英真（京都大学大学院教育学研究科准教授）

Column1
沼田 翔二朗（NPO法人DNA代表理事）

Column2
一蝶 亮（学校法人桐蔭学園教諭）

Column3
西成 活裕（東京大学先端科学技術研究センター教授）

Column4
白水 始（国立教育政策研究所初等中等教育研究部総括研究官）

もし「未来」という教科があったなら
——学校に「未来」という視点を取り入れてみた——

2020年12月5日 初版第1刷発行

編　者——未来科準備室
発行人——花岡 萬之
発行所——学事出版株式会社
〒101-0021
東京都千代田区外神田2-2-3
☎03-3255-5471
HPアドレス http://www.gakuji.co.jp/

●編集担当——二井 豪
●表紙デザイン——福嶋佳苗
●組版デザイン——田口亜子
●印刷・製本——研友社印刷株式会社

ISBN 978-4-7619-2674-8 C3037 Printed in Japan